真正的快樂處方

瑞典國民書！
腦科學實證的
健康生活提案

Anders Hansen
安德斯・韓森——著　張雪瑩——譯

由於擁有物質優勢，我們並不滿足於長久待在同一個地方，
這使我們變得急躁且不滿足。

——卡爾·薩根

〈好評推薦〉

我常勸病人，你快樂活一天，等於賺到一天。但多數人很難眞正開心起來。現在，問題輕鬆解決了，獲得快樂的方法不再是祕密，處方詳錄於書中。教人如何動得更有意義也更健康，又怎樣透過運動令人壓力釋放、注意力集中，甚至連創造力都更出色。這些不用吃藥、沒有副作用的好方法，我希望大家都能趕快學起來。

——洛桑加參，洛桑預防醫學集團創辦人

越來越多人受憂鬱、健忘、焦慮、過動、失智、無法專注……等問題困擾，有些人即使求助專業醫療，也未必能夠得到改善，如果有一種簡單又保證有效，而且還完全免費的方法，可以讓大腦變年輕，同時提高創作力、耐受力、注意力以及智力，還能幫助情緒穩定，甚至讓人變得快樂，這樣的仙丹妙藥，應該會讓所有人趨之若鶩吧！

這樣的「藥」既然免費，自然無利可圖，因此不會有人願意投入經費研究，更不會投入資源為這樣的「藥」大肆宣傳做廣告，以至於這麼棒的「藥」，至今仍然鮮為人知，連被提及的機會都很少，更別說受到重視，成為主流意見。

很感謝本書作者安德斯．韓森醫師，投入畢生精力，研究人類的大腦，除了發表兩千多篇醫學文章，更致力於幫助更多人重獲身心健康，本書是一本非常值得推廣的好書！

作者給的藥方非常簡單，但背後所投入的研究和心血不容小覷，容我在此賣個關子，邀請大家好好研讀這本書，以真正了解如何鍛鍊並保護自己寶貴的大腦及身體！

——許瑞云，花蓮慈濟醫院能量醫學中心主任

就像《真確》作者漢斯．羅斯林對於世界的數據富有教育性一樣，韓森談論影響我們大腦事物的研究，也同樣具有教育意義。

——克里斯特．庫斯特維克，《瑞典日報》總編輯

本書以振奮人心且又充滿遠見的方式，使針對大腦的運動科學內容獲得大家的關注。我誠心推薦！

——卡爾・桑德伯格，國際奧委會醫學委員會委員暨運動生理學家

讀來特別有趣又激勵人心！身爲企業家，我特別對運動如何增加創造力感興趣。

——馬丁・勞倫佐，Spotify共同創辦人

很少有本書對成人教育和公共衛生如此重要。安德斯・韓森具有罕見能力，能以輕鬆且令人愉悅的方式交流科學知識。

——《Women's Health》雜誌

大眾科學內容這樣寫，超棒的！

——瑞典體育畫報《Aftonbladet》

目錄

第三章　讓注意力更集中　085

〈前言〉

鍛鍊你的大腦

兩個拳頭併在一起的大小，就是你的大腦體積，重量大約與一盒牛奶相當。想像一下，這件小東西包含了你曾經感受和體驗過的一切、你所有的人格特質、你所學到的全部知識和經驗、你所有的記憶——從三歲時的首次暑假模糊印象、你的童年和少年時代經歷的一切，再到現在，成年的你正在閱讀這些文字。

人類的一切都存儲在這個物體裡。在我們已知的萬物中，大腦具有最複雜的結構，但它所須能量比一個電燈泡還少。如果一個人對大腦不感興趣，恐怕也沒有其他事情能令他著迷了。

我們雖然已經知道身體其他器官如何運作，但大腦的活動至今仍是一個謎。還好，得益於最新的科學研究工具，我們對大腦的認識在過去幾十年中有了巨大的進展，開始逐步了解大腦的詳細功能。如今，我們可以確定地說，不是我們擁有大腦，而是大腦決定了我們。

然而，即使大腦在生物學特徵方面起了決定性的作用，也並不意味著你的命運是註定的、是無法改變的。科學研究發現大腦不僅在童年期具有可塑性，在成年期也是如此。新的腦細胞不斷發育，彼此之間的連接時而建立，時而消失。你日常所做的每一件事，甚至你的每一個想法，都可能使大腦產生些許改變。

你的大腦更像是陶土而不是成型的瓷器，但你是如何拿捏這塊「陶土」的呢？其實，活動身體對於大腦來說很重要。運動時，不僅你的感受更好，你的注意力、記憶力、創造力和抗壓力也會提高。你可以更快速地處理資訊——因此能更迅速地思考，並讓大腦資源更加合理地分配。當你拚命動腦筋時，可以使用額外的「智力裝備」來幫助自己集中注意力，並使自己在面對周圍變化時保持冷靜。其實，運動甚至能提升你的智力水準。

這聽起來是否有點奇怪？通常，我們如果想要擁有更強壯的手臂，應該鍛鍊手臂而不是腿。就大腦而言，如果想要一個更好用的大腦，不是可以透過填字遊戲、記憶練習和其他腦力活動來鍛鍊嗎？事實證明，並非如此。科學研究很清楚地表明，在增加大腦功能方面，這些都無法達到規律運動所帶來的效果。令人驚訝的是，大腦似乎是在運動中受益最大的器官。

在本書中，我將向你介紹「運動」和「科學訓練」對大腦產生的巨大影響，以及其中的機制。有些成果是立竿見影的，甚至在散步或跑步一次後就會顯現，有些則至少需要規律地訓練一年才能看到。在本書中，我還會爲你描述運動在健身和心理方面帶來的益處，這些甚至不亞於精神的昇華。

好好享用吧！

第一章

會變化的大腦

身體是用來支持大腦的。
——湯瑪斯．愛迪生

想像一下，你坐在時光機裡，將年份推回到西元前一萬年。機器開始哐啷作聲，又突然在數千年前的時間點停下了。你惴惴不安地走出時光機，環顧四周。一群身著動物皮的人站在那裡看到你，貌似很驚訝。

你對他們的第一印象會是什麼？

是一群只會捕獵動物，沒有任何先進思想的原始「洞穴居民」嗎？你或許很容易這麼想，但實際上，你和他們其實非常相似。當然，除了他們和你說著不同的語言，經歷著完全不同的人生，但整體來說，他們的身體機能與你的非常類似。他們和你擁有相同的認知能力與身體感受。在過去的一萬兩千年裡，我們人類的身體其實並沒有發生太大的變化。

相比之下，你的生活方式反倒在短短一百年內經歷了巨大的變革，特別是和一萬兩千年前相比，變化程度之大，令人難以置信。你生活在舒適且完全不同的環境中，並使用著古代祖先在他們最瘋狂的夢中也無法想像的工具。你在一週內遇到的新面孔，也可能比他們一生中遇到的還要多。

你與祖先們的生活方式之間，還有另一個根本的區別：他們的運動量比你大得多。縱觀歷史，數百萬年來的各代祖先都是這樣，動得比我們更多。原因很簡單：在人類歷史的大部分時間裡，人們必須靠體力活動才能獲得食物和生存的機會。因此，不僅我們的身體是爲了運動而生，我們的大腦也是。

一百年聽起來可能已經很長，更不用說一萬兩千年了。但從生物學的角度來看，這不過是一眨眼。任何物種想獲得巨大的變化，都需要很長的時間來演化，包括人類。

可是，無論在一個世紀，還是在一萬兩千年內，我們的大腦都沒有發生顯著的改變。儘管生活方式已有了巨大的變化，這些社會的轉變也使我們逐步脫離原本過活的手段。但我們的大腦仍然生活在非洲大草原——多年前以狩獵爲生的祖先所居住的地方，特別是涉及我們運動量的多寡時，情況更是如此。即使我們現在不需要靠體力尋找食物，網購就能解決問題，但要是按照祖先的方式生活（例如經常運動），我們大腦的效率會變得更好。

如何讓大腦更有效率運作？

這些年來，我讀過數以千計的研究成果，如果非得從中選擇一個最吸引我的，將會是這項不僅改變我對醫學和健康的看法，而且在一定程度上改變我對整個生活看法的研究。

這項研究針對大約一百位六十歲老人的大腦進行磁振造影（Magnetic Resonance Imaging，

MRI）。對大腦研究人員來說，這是一項科技奇蹟，是一件讓我們眞正走進另一個世界的工具。如今由於MRI技術，我們可以「掀起蓋頭」，看到大腦的內部，即時記錄大腦在我們思考和執行不同任務時的狀態，並且不會傷害受檢人員的身體。

這項研究的具體目標是了解衰老對大腦的影響。因爲就像皮膚、心臟和肺臟一樣，我們的大腦也會慢慢變老。但它是如何老化的呢？這是完全不能阻止的進程，還是能透過某些方式（例如規律的運動），來改變它老化的速度？在進行相關的動物實驗後，研究人員猜測：在輪子上跑過步的小鼠，其大腦的衰老速度會比那些沒有跑步的慢。

這項研究的作者爲了回答這些問題，把六十歲的受試者分成兩組：第一組在實驗開展的一年內，每週定期散步幾次（散步組）；第二組參與活動的頻率相同，但是只進行了不會提高心率的輕微運動（輕微運動組）。

爲了追蹤受試者的大腦變化過程，一年後進行MRI檢測的同時，也做心理測試。結果顯示出大腦不同部分如何被啓動、顳葉中的區域如何與枕葉和額葉合作。整個過程看起來是一個複雜的網路。

然而，最有啓發性的並非測試結果本身，而是針對兩組差異的比較研究。

散步組的受試者不僅在體型上變得更勻稱，也獲得更強健的大腦。他們的MRI結果顯示，腦葉之間的連接有所增強，特別是顳葉與額葉、枕葉之間。也就是說，這意味著整個腦部功能變得更有效率。

運動（即散步）暫時以一種未知的方式，對大腦各部分的連接產生正面的作用。將六十歲受試者的試驗結果，與年輕人的結果比較時，似乎只能得出這樣的結論：散步組受試者的大腦看起來更年輕。在參與實驗的一年內，他們的大腦沒有老化的跡象，似乎反而變得更強健了。最顯著的變化是額葉和顳葉之間的連接增強，而這部分實際上是大腦受老化影響最大的區域。能看到這方面的變化，表示大腦的老化進程已經趨緩了。

這次實驗所達成的結果中，除了可檢測到的醫學指標變化，更重要的是散步帶來的實際效果。心理測試表明，散步組受試者的一系列認知功能（統稱爲執行力或執行功能，其中包括採取主動、計畫和控制注意力等）都有所改善。

簡而言之，這一發現意味著，運動者的大腦能更有效地發揮作用，並且減少甚至逆轉大腦衰老所帶來的負面效應，使大腦更加有活力。

現在花點時間來思考剛剛讀到的內容。如果以上所述還不足以激勵你去運動，那也沒辦法了。你知道可以透過跑步來提升耐力，並且藉由重量訓練得到更強壯的肌肉；但你可能並不知道，這些運動也可以替你的大腦帶來變化——這些變化可以藉由現代醫學科技測量，對於完善認知功能也極爲重要。

接下來，我們會更詳細地介紹這些變化。但在此之前，首先得知道大腦是如何工作的，然後再看看如何使它運作得越來越好。

比宇宙更複雜精密的大腦

在科學研究中，大腦所表現出的可塑性已經超過了我們以往的猜測。頭骨裡裝的不是提前經由基因程式設計的高級電腦，只會以特定方式工作。大腦的運作遠比這更複雜。它包含大約一千億個腦細胞，每個都可以和其他數以萬計的腦細胞相連接。這意味著，大腦中可能存在至少一兆個連結，比宇宙銀河系或任意星系中的恆星數量還多一千倍。

可以說，你的頭腦裡裝著你自己的宇宙。這種說法聽起來有點科幻，但事實就是如此。老的腦細胞不斷死亡，新的腦細胞不斷產生。細胞間的連接在需要時獲得建立；不需要時，則被切斷。這些連接的強度，取決於大腦如何重新設計其架構。你可以把大腦視爲一個不斷變化狀態的高度複雜生態系統，在整段生命中都不斷改變——不僅在你小時候是這樣，長大後或學習新東西時也是如此。你所感受到的每一種感覺、每一個想法，都會在大腦裡留下一絲痕跡，並微妙地改變著你。大腦的改變是一個**持續不斷的進程**，你今天的大腦和昨天的就不太一樣。

大腦優劣的關鍵

有人認爲，腦細胞的數量或大腦的體積決定了大腦功能的優劣。這種說法是不對的。最有說服力的例子莫過於阿爾伯特．愛因斯坦，他的大腦和常人相比既不大也不重。愛因斯坦的大腦重一二三〇公克，而男性大腦的平均重量約爲一三五〇公克，女性則平均比男性輕一百公克。

有很長一段時間，我相信大腦能力的好壞是由腦細胞之間的連接數量決定的。但這個想法也有不對的地方。兩歲兒童腦細胞之間的連接數量明顯比成年人更多，但隨著孩子的成長，連接的數量便會減少。這個過程稱爲**修剪**（**pruning**）。據估計，從兩歲到青春期，**每二十四小時**就有多達兩百億個連接在消失。大腦除去了無用的連接，爲信號傳導騰出空間。

這可以概括爲：**神經元一齊開火，一齊串連**。

但是，如果決定腦力的既不是腦細胞總量也不是腦細胞連結數，那又是什麼呢？答案是，當我們忙碌（比如騎自行車、閱讀一本書或者計畫晚餐）時，大腦會應用的一種**「功能網路」**程式。在你的大腦裡，有一個功能網路用來游泳，一個用來騎自行車，還有一個用來簽名。基本上，你所做的一切都依賴這些功能網路。它們是由一系列相互連接的腦細胞構建，而一個完整的網路可以整合來自大腦不同區域的細胞。爲了達到最佳狀態（以便你能游泳、騎自行車或簽名），大腦的不同區域需要合作。

小時候，我們都是語言天才

童年時，腦細胞間的連接消失會對一生造成影響。生於瑞典的孩子擁有學好日語的所有先決條件，只要在講日語的環境中成長，就能說出一口標準的日語。相反地，對多數人來說，成年時學會說流利日語又不帶口音是不可能的。無論做過多少練習，總會不經意暴露自己的口音。

這就是語言的特點。一旦長大，就很難完完全全複製別人講話的方式，因為我們學習語言的先決條件已經消失了。要是童年時期從來沒聽過這種語言，處理這些聲音的腦細胞連接便開始消失。對我們來說，相關能力的大門也就關閉了。就神經學的角度而言，我們終生都在關閉語言學習的大門。然而在小時候，我們個個都是語言小天才。

練習造就更靈活的大腦程式

舉個例子，假設你想學習彈奏一首簡單的鋼琴曲，必須得靠大腦中的許多不同區域一起努力才能達成。首先，你需要看琴鍵，信號透過眼睛，從視神經傳遞到位於枕葉的初級視覺皮質；同時，運動皮質必須協調你的手和手指在琴鍵上的運動；聽覺皮質則處理聲音資訊，並將其發送到位於顳葉和頂葉的**聯合區**。資訊最終會到達額葉（意識和高級功能的中樞），你會意識到自己彈的是什麼，並且可以糾正彈錯的音符。而所有這些活動的核心，只是為了演奏一首簡單的鋼琴曲！

視覺中樞、聽覺中樞、運動皮質、頂葉和額葉……所有這些區域都是大腦完成音樂演奏的一部分。你練習越多，彈得就越好，而這個程式在大腦中運行的效率也就越高。開始時，要演奏一首曲子得費盡千辛萬苦，讓你感到這程式效率低下、表現笨拙，需要多個完整的大腦區域共同參與。這就是爲什麼你會覺得練琴件隨著精神壓力，因爲你需要專注於完成這些任務。

隨著時間的推移和練習的繼續，演奏會變得容易。你一旦付出足夠的努力，就能邊演奏邊思考別的事情。大腦在練習演奏的過程中，學會更有效率地傳遞資訊：透過網絡傳遞的重複信號加強連接（由那些齊心協力的神經元一齊開火，一齊串連）。最後，演奏一首曲目所須的努力越來越少，你將能不費吹灰之力就演奏出來。

由於演奏曲目的過程啓動了大腦不同區域的細胞，因此這些區域需要緊密連接，程式才能運行良好。就像在電腦中，所有不同的元件都需要連接才能運轉。如果沒接好，即使每個零件都是好的，電腦也打不開。

因此，大腦運轉的效率並非取決於腦細胞數量，或者細胞之間的連接有多少，而是不同區域（例如額葉和頂葉）是否能密切聯繫。正如你在本章開始時已經讀過的那樣，活動身體可以讓大腦的不同部分取得更強的聯繫。這種連結是讓大腦得益於運動的本質。在後續篇章中，你將讀到更多相關內容。

細胞的連結透露了生活的方式

大腦的不同區域間似乎都有程度不一的聯繫。這聽起來有點奇怪，但從科學研究的結果來看，這可能是認知能力具有個體差異的重要成因。而這個特殊的研究領域，最近有了一項吸引人的發現。

一項數百人參與的複雜實驗結果顯示，大腦不同區域連接得較緊密的人，也同時擁有更多優秀的特質，例如良好的記憶力和注意力、較高的教育程度以及不濫用成癮物質。至於那些具有「壞」習慣的人（例如易憤怒、濫用成癮物質），研究者已經從他們的大腦中觀察到相反的特徵——大腦相關區域連接得並不好。

許多優秀特質在大腦裡留下了印記，而消極的特質似乎也留下自己的痕跡，這意味著我們的大腦裡有個「積極—消極的槓桿」。取決於我們的生活方式，上頭的任何一點都可以被當做平衡點。進行這項研究的科學家相信，透過查看一個人的大腦連結模式，可以大致了解他的生活。除了良好的記憶、較高的教育程度和不濫用成癮物質之外，還有什麼會被當成這個槓桿上的積極信號？那就是——良好的健康狀態。

主觀臆斷？

你可能會認爲這類型的研究有主觀臆斷或菁英主義的傾向。畢竟，這是透過「積極—消極的槓桿」來替人們分高下。我完全理解這種解釋，但也認爲這種想法忽略了一點：我們固有的特質既非受到大腦連結模式的影響，也非我們在這個槓桿上的位置，而是生活的方式。

藉由選擇，我們可以在更基礎的層面上改變大腦的運作模式。所以說，不僅是大腦決定我們的思想和行爲，我們的想法和動作也可以反過來改變大腦。大腦是由我們自己掌控的，而不是反過來。從這個角度來看，要改善大腦不同部位之間的聯繫，最重要的顯然可能是定期運動——良好的身體狀態會讓槓桿傾向於積極的一方。

大腦終生都在變化——神經可塑性

「要是我小時候學過一項樂器就好了，現在學已經太晚了。」你我都曾有過類似的想法。的確，大腦在兒童時期的可塑性非常強。從語言到運動，孩子學任何東西看來都很迅速且自然。但是爲什麼他們的大腦能在如此短的時間內學得如此多，又如此輕鬆呢？

因爲年幼個體必須盡快學會在世界上存活。在大腦中，細胞不僅能夠建立彼此之間的聯繫，也能將已建立好的連接分開（即修剪）。正如你所注意到的，這種機會一旦錯過就不再有。不過，應變能力（以科學術語來說是**神經可塑性**）可能是大腦最重要的品質。因爲即使在成年之後，大腦的靈活性不比孩童時那麼好，其可塑性也不會完全消失。就算是成年人（哪怕是八十歲的老人），也具有神經可塑性。

爲求準確了解成人大腦的影響和變化，看看四十二歲美國女性蜜雪兒．麥克（Michelle Mack）的故事吧！她奇特的人生軌跡，改變了我們對人腦眞正能力的理解。

只有半個大腦的女人

蜜雪兒．麥克於一九七三年十一月出生於美國維吉尼亞州。早在她出生幾週後，她的父母就注意到有些事情不對勁。蜜雪兒無法集中注意力、無法正常移動四肢，特別是右臂和右腿。

她的父母多次帶她去讓專家檢查眼睛，想弄清楚孩子是否患有腦性麻痺。但專家們都說沒有。他們所諮詢的神經科醫師們，都無法透過蜜雪兒的症狀和X光片結果來判斷她得了什麼病。在一九七〇年代早期，現代技術（即電腦斷層掃瞄和磁振造影）仍處於不成熟階段。

到了蜜雪兒三歲時，她還不會走路，也幾乎不能說話。此時，醫師建議她再接受一次X光檢查，因為自她第一次接受檢查以來，醫療診斷技術已經有了巨大進展。

一九七七年，電腦斷層掃瞄結果令她的父母及醫師十分震驚。蜜雪兒沒有左腦，而問題可能發生在她還是個胚胎的時候。

一種可能性是蜜雪兒在出生前曾中風；另一種可能性是她的左頸動脈發生阻塞，使血液無法流向大腦左側。總之，沒有人能夠提供明確的答案，但有一點很明確：蜜雪兒左腦中超過九成的部分都遺失了。

人們通常認為左腦掌管分析和理性（即數學和語言思考），而右腦則掌管著藝術和創造性。儘管這樣的劃分有些絕對，但不至於和事實差得太遠。考慮到左腦所承擔的一系列任務，蜜雪兒的許多症狀突然有了解釋。她無法正常說話，可能是因為大腦缺少了管理語言的部分。而且，由於左腦也負責身體右側的移動（反之亦然），所以毫無疑問地，她的右手和右腿移動起來都會有困難。

然而，最讓人驚奇的，不是蜜雪兒在出生後第一年的表現，而是後來發生的一切。她在接下來的人生裡，以醫師料想不到的速度，成功掌握先天所缺乏的能力。她學會了走路、說話、閱讀，而且水準和其他人差不多，只是學得比同齡者稍微慢一點。

如今，蜜雪兒在許多方面過著和一般人無異的生活，甚至在她的教區做著一份兼職工作。即使沒有具備相應功能的大腦區域，蜜雪兒對單詞的掌握能力也接近正常了。雖然她的右臂和右腿活動能力有限，但她可以照常行走。

檢測發現，蜜雪兒不太能進行抽象思考，卻能把細節記得一清二楚。由此，人們發現她有一項特異功能：可以立即回答出任意哪一天是星期幾。如果有人問蜜雪兒：「二〇一〇年三月十八日是星期幾？」她可以幾乎不假思索地答出：「星期四。」

蜜雪兒的右腦，接管了原本應該由缺失的左腦所處理的任務。曾有研究顯示，少部分的腦組織缺失，的確可以由其他部分彌補，但很少有人能完成如此大範圍的大腦重構，讓剩下的一個大腦半球彌補失去的另一個半球。在蜜雪兒的腦組織裡，隨處可見腦細胞的連結，讓她的右腦看起來有些擁擠。事實上，蜜雪兒在視覺空間定位方面有點問題（即無法判斷距離和定位空間）。視覺空間定位中樞通常存在於右腦（即蜜雪兒完好無損的部分），所以一般認爲，由於蜜雪兒的右腦需要同時承擔屬於左右腦的雙重任務，使得容量有限的右腦無法圓滿完成全部任務。

蜜雪兒具有記憶日期的特殊能力可能並非偶然。大腦兩半球以一種「洋特法則」（編按：Law of Jante，指個體行事低調，整體優於突出的個體）的形式相互作用。大腦的一個半球不只會彌補另一個半球的功能，也可能抑制對方，防止某一區域變得太強大，以免腦部各區域失去平衡。這也說明了為什麼多數人都能擁有一套完整的生存技能，不是只擅長某些領域。如果大腦兩半球之間無法溝通，也可能會喪失腦部各區域的平衡，造成部分能力異常，而這往往會危害他人。

你的生活方式，改變了你的大腦

人們對「基因或環境對我們的影響」這一問題，有時熱切有時冷漠，但觀點卻日益極端、奇特。直至今日，我們確切了解命運既非由基因決定，也不是環境定奪的，而是兩者的結合。我們也知道基因和環境密切相關，例如環境會透過複雜的生物機制，影響我們的基因——去氧核糖核酸（DNA）。

有幾個數字清楚地表明，基因不是組成你的大腦或決定你個人的唯一因素。你大約擁有二．三萬個基因，也大約有一千億個腦細胞，而它們之間又有大約一兆個連接。你那二．三萬個基因不可能控制這一百萬億個連接。原因很簡單，大腦太複雜，無法由一個確切的、預先決定的基因程式來掌管。

你的基因為腦細胞如何生成和死亡、彼此之間如何連接和斷開，奠定了基礎。但是，這一切如何發生、養成哪些性格特徵及心理狀態，則是受你的生活經歷（生活在什麼類型的環境、生活的方式）影響。

就生活方式而言，本書的關注點在運動方面。雖然它不是決定大腦發展的唯一外在因素，但研究發現，運動對大腦功能有著舉足輕重的作用，其重要性甚至超越了多數人的理解範圍。

行走的搜尋引擎

美國人金．匹克是電影《雨人》中，雷蒙．巴比特這個角色的原型（由達斯汀．霍夫曼飾演）。匹克的胼胝體在出生時受到損傷。胼胝體是大腦的一部分，它連接了大腦的左右半球，其損傷會引起左右腦的溝通錯誤。匹克四歲才學會走路，而且醫師認爲他有嚴重的精神疾病，建議送他去精神病院。

但就像蜜雪兒，匹克以人們無法預見的方式成長。大約五歲時，匹克學會閱讀。每讀完一本書，他都會把封面朝下放好。他的父母驚訝地看到家裡很快就堆滿封面朝下放置的書本。那時，匹克就對書中的細節展現出難以置信的記憶力——可能是人類有史以來最好的記憶力。他可以同時閱讀一本書的左右兩頁：左頁用左眼，右頁用右眼；每十秒就能讀完一頁，一小時便可讀完整本書。他最喜歡去公共圖書館，每天會在那裡讀八本書。

他能記住自己讀過約一萬兩千本書中的所有內容。他的腦海中擁有難以計數的各類資訊，從莎士比亞到英國王室，再到完整的美國郵遞區號列表。如果有人能被稱爲「行走的搜尋引擎」，金．匹克當之無愧。

與蜜雪兒一樣，匹克也可以立即說出前後數十年中的任何一天是星期幾。人們經常走到匹克面前，說出自己的出生日期後詢問那天是星期幾。他不僅能立刻給出正確答案：「你出生那天是週日。」還可以補充，「你這週五就滿八十歲了。」

金．匹克的能力是如此獨特，讓他被稱爲「金電腦」和「超級怪人」。但對他來說，生活不是一件簡單的事。他在社交場合不知道怎麼說話，而且幾乎不會自己穿衣服。儘管有著非凡的記憶力，他的智力測驗結果卻低於正常水準。不過，每當神經學家要求對他進行科學研究時，匹克總是非常配合，並且自願奉獻自己的時間。

此獨特案例爲解讀人類記憶提供了重要線索。目前的研究結果顯示，匹克會擁有非凡記憶力，是因爲他的大腦兩個半球間缺乏溝通、各區域之間無法彼此平衡。

大腦的程式可以被重置

金．匹克和蜜雪兒．麥克的經歷既有相似之處，也有不同的地方。蜜雪兒的情況是，大腦各區域間的聯繫依然存在。不過，她少了一半大腦。這種類型的缺失和匹克的大腦兩半球間無聯繫，具有相同的效果，使得某些能力無法被抑制，產生了超群的功能。

金．匹克和蜜雪兒．麥克或許也是神經可塑性最好的例子——他們的大腦具有極佳的重組能力，而且大腦的結構和運行模式也是可以改變的。這種可塑性不僅存在於這兩人的大腦裡，也存在於你我的大腦中。

但是爲什麼要在這本關於運動對大腦影響的書中，花費這麼多篇幅來講述這個故事呢？

原因很簡單：因爲不是每個人都知道大腦存在可塑性，所以我要讓人們都知道這一點。接下來的問題將會是，什麼改變了大腦？這就和運動有關了。

大腦像可塑陶土，而非燒製成型的瓷器

神經可塑性的研究發現，能使大腦發生變化的因素比較少，但身體活動是其中之一。研究也發現，不需要太長時間的運動量，短短二、三十分鐘便足以有所影響。

將身體活動轉換爲可塑大腦的機制中，有一種胺基酸稱爲γ-胺基丁酸（GABA）。它就像大腦的剎車系統，能抑制大腦的活動，確保腦部組織不產生任何變化。但是，因爲運動時可以消除GABA的抑制功能，所以其影響力會在運動時衰退，從而使大腦變得更加靈活、更容易進行自我重組。如果把大腦比做可塑的陶土，而非燒製成型的瓷器，抑制GABA活性便可以讓陶土變得更加柔軟、更具可塑性。

運動者的大腦會變得跟小孩的大腦一樣充滿可塑性，GABA則參與了這一轉變的過程。

希望你現在已經意識到，我們的大腦具有多麼強大的可塑性，而因爲運動可以修改並且

簡化大腦程式，所以它在大腦的變化中扮演著重要角色。

運動會在很多方面產生效果。現在，讓我們把目光放到這些相關層面上，尤其是對心理健康的影響。下一章，我們將從困擾當今許多人的緊張和焦慮問題開始說起。

我們只用了一〇% 的大腦嗎？

有的理論說，我們一生只使用了一〇%的大腦。現在，是時候摒棄這種神話傳說了。當然，讀這段的最後一句時，或許你確實「只使用了一〇%的大腦」。騎自行車時，只用一〇%的大腦也並非不可能（儘管和閱讀時使用的那一〇%，不一定是同一部分）。實際上，我們確實利用了整顆大腦，只是取決於具體在進行的事情不同，使用的部分也不同。

現在，我們知道大腦中的電傳導、葡萄糖及氧氣（大腦的主要燃料）的消耗持續進行中，這意味大腦總是醒著的，沒有一個區域會一直閒置，永遠不會有九成處於休眠狀態。想要了解大腦調動不同區域的超凡能力，只須回想一下蜜雪兒・麥克，她的大腦能立刻調度任何原本處於休眠狀態的區域。

考慮到大腦的能量消耗，「只使用一〇%」顯然也是一個神話。大腦活動吞噬的耗大能量，約占整個身體所須能量的二〇%，但大腦只占身體總重量的二%。這意味著，大腦組織的能量消耗是身體其他部分的十倍。從演化的角度來看，這樣耗能大的器官不宜太大，也沒有必要增大。因為大腦的增大會消耗更多食物，人們就需要花費更多時間和精力來尋找食物。如果大腦的確有九成都不活躍，多花費時間和精力尋找食物就成了濫用資源。

與其他物種相比，這種浪費很顯然不會在天擇的路上長存。

第二章

擺脫壓力

每當我們感到壓力時，大腦就在釋放壓力荷爾蒙。
如果這種感覺持續數月和數年，這些荷爾蒙就會傷害我們的健康，
並把我們變成神經衰弱的廢人。
——丹尼爾·高曼

「每天早晨睜開眼睛時，我就開始感受到壓力了。其實它比那來得更早一點，因為實際上是壓力把我叫醒的，感覺我的大腦一週七天、每天二十四時都像在高速運轉。我花了一整天思考該怎麼緩解壓力，但到了晚上，這種情緒依舊毫無理由地困擾著我。

「我的生活節奏很快。雖然很喜歡當商務律師，但希望能少花些時間在工作上，因為我還有很多別的事情得做。我有兩個年紀不大的小孩，但從來都不能按時去托兒所接他們，所以我總是非常內疚，更別說還有其他需要計畫的事情了。有時候，生活像是一連串按部就班的流程。即使有很多家庭和工作上的事情，但要是我沒有壓力的話，其實也有時間可以處理。壓力阻止我完成，而且阻止得很徹底。

「最近我的壓力越來越大，不然就是我處理壓力的能力越來越差。我的記性越來越不好，也變得越來越容易放空。午餐時，我把筆電忘在餐廳裡，而且回到辦公室後才意識到沒把它帶回來。好險它還在原地。這種事情以前從沒發生過。

「有一天，我正搭乘一輛擠滿人的公車，卻突然間感到焦慮、呼吸困難，甚至驚慌失措。我最終決定提前幾站下車，徒步走完剩下的路程。

「這種事情真的從來沒發生過。」

我在心理診所遇到這名三十七歲的男子，他告訴我最近歷經的一些感覺。雖然說謊是可恥的，而且他一開始還試圖淡化自己的症狀，但他最終能坦誠地說出來。這幾年來，他的壓力隨著時間推移不斷加重。他很難入睡、極易發怒，也一直在隱藏自己對四周的極度不滿。這名已婚男子育有兩個孩子，也有一份不錯的工作，還有一幢大房子……他具備了成功人士的所有特徵，還有什麼不滿意的？但是，有些事不太對勁。

經過近一個小時的交談之後，我向他解釋，看來他在很長一段時間內承受巨大的壓力，而且其症狀（記憶力下降、睡眠困難和恐慌）的根源，很可能就是這些壓力。他可以考慮服用抗憂鬱藥物，但他不想吃藥，並詢問是否有其他治療方案。我說聊天通常能緩解症狀，同時，他應該開始運動，比如跑步。他覺得這聽起來很奇怪。

「吃藥和診療是一回事，但跑步算什麼？對緩解壓力有什麼幫助？」

我可以肯定地說，他絕對不是個案。根據美國心理學協會的統計，有七二%的美國成年人經常要面對巨大的壓力，四二%的人會因此失眠。就像我這位三十七歲的病人一樣，多數人都知道吃藥和診療是兩種應對急性壓力的方法，但同時也有許多人不明白，也許最有效的治療方法就是本書關注的內容：運動。

事實上，運動和體能訓練在治療和預防壓力方面，已經展現了出人意料的結果。現在我將解釋為什麼會出現這種結果和你該如何繼續，以逐漸擺脫壓力和焦慮。

壓力的功用

在開始著手應對壓力時，最好先了解壓力是什麼，以及它有哪些功能。

在你的身體裡，有個叫做HPA軸的東西。它位於大腦深處一個被稱為下視丘（hypothalamus）的地方。當大腦偵測到一些它認為對自己有威脅的東西（如有人向你吼叫），下視丘就會向大腦中的腦下垂體（pituitary glands）發出信號。接收後，垂體會分泌激素到血液中，並傳送至腎上腺（adrenal）。然後腎上腺會釋放皮質醇，使心臟跳動得更快、更有力。這一切發生得非常快——從你看到吼叫的人到血液中皮質醇濃度提高、心率加快，大約只需要一秒。

設想你站在一大群同事面前，馬上要報告長期以來的辛勤成果。你覺得自己的心跳加速，明明剛喝了一杯水，卻覺得口渴。你猜有人注意到你的手輕微顫抖，手上的演講稿也在晃動。此時在你的體內，HPA軸已經開始加速運轉，血液中的皮質醇濃度正在上升。雖然在現實中，你的同事不會威脅到你的生命，但你的身體把這次報告解讀成一次危險。這是你強大的身體在數百萬年內不斷演化的結果。它現在已經成了決定你「戰或逃」的關鍵，即使在以上的場景中，「戰鬥」意味著好好報告，而不是抵擋來自同事們的物理攻擊。然而，從純粹的生物學角度來看，你的身體毫無疑問正在備戰。

皮質醇濃度的上升使得身體和大腦處於高度警戒狀態。無論你準備好為生活而戰抑或打算溜之大吉，肌肉都需要更多血液，所以你的心臟會跳得更快、更有力（即心率加快）。與此同時，你的大腦變得專注而敏感，以便觀察到周圍環境裡最微小的變化。比如聽眾只是小聲咳了一下，你也會以閃電般的速度對聲音做出反應。

所以，壓力執行了一種功能：使你思路更清晰、注意力更集中。雖然一般來說這是好的，但對某些人而言，身體的反應卻可能會變得過於激烈。他們非但沒有因此變得更專注，反而很難保持思路清晰，也會因感覺失去自控而極度焦慮。對他們來說，HPA軸的功能似乎有些失控。

杏仁核——壓力的觸發點

但是，稍微回顧一下壓力眞正開始的地方。同事對你所構成的「威脅警告」並不是來自HPA軸，而是它的引擎——杏仁核。它是大腦裡如杏仁大小的一部分，位於顳葉深處。你的大腦裡有兩個杏仁核，左右半球各一個。在演化的過程中，杏仁核被保留下來，同時也成爲我們與許多哺乳動物共同的特徵。它會被保留，是因爲它對包括人類在內的眾多物種生存而言非常關鍵。杏仁核沒有什麼突出的功能。如果說有哪樣東西能增加你的生存機會，便是一個能在危急關頭叫你趕快逃跑的預警系統。杏仁核的功能就是這樣。

杏仁核在啓動壓力預警的生物作用中，表現出獨特的效用。這不僅因爲杏仁核能觸發壓力，還可以被壓力觸發。聽起來很複雜？實際過程是這樣的：杏仁核接收到危險的信號，皮質醇濃度因而升高，這反過來進一步刺激了杏仁核。於是壓力就在惡性循環中滋生。

如果杏仁核決定無限制加速HPA軸的運轉，你遲早會遭遇一場全面的恐慌。除了感到極其不愉快之外，恐慌發作從來都不是好事，因爲受折磨的人往往會產生不合理的行爲。對於我們的祖先來說，當他們在非洲大草原上與可怕的動物面對面時，恐慌並不能增加生存機會。面對迫在眉睫的危險時，保持頭腦冷靜和思路清晰才行。

人類的身體裡有幾個內建的剎車踏板，可以緩解壓力反應，防止出現問題和驚恐發作。其中一個就是海馬迴，它雖然與記憶中心有關，但不僅能創造記憶，還具有剎車的功能，所以我們不會有過度的情緒反應。海馬迴就像一顆秤砣，可以平衡杏仁核觸發的壓力並予以制約。這樣的制約作用是持續的，不會只能在緊張的情況下起作用。杏仁核和海馬迴之間總有一種平衡，會把對方朝相反的方向拉。也就是說，杏仁核踩油門，而海馬迴踩剎車。

焦慮消退

現在，讓我們再次回到你的報告。現在已經結束了，你可以喘口氣。看上去，同事們並沒有注意到你的緊張，也似乎沒人能意識到，你的內心剛經歷了一場混亂的暴風雨。

你的壓力反應開始減弱。身體和大腦也不再那麼警惕，因爲周圍看起來已不再有任何威脅。杏仁核的活動慢了下來，皮質醇濃度也在下降。你的身體放下武器並退出戰鬥。你感覺自己平靜下來。

很重要的是，皮質醇濃度會緊隨外界刺激的消退而下降。皮質醇的激增在緊張的情況下非常有用（你需要額外的能量來戰鬥或逃跑），但是長時間保持高濃度對你來說卻不好。對海馬迴中的腦細胞來說，過多壓力荷爾蒙可能是有毒的，因爲它們會因接觸太多皮質醇而死亡。一般認爲，隨著時間（這裡暫指數月和數年），皮質醇過量會導致海馬迴體積縮小。

保守地說，這並沒有好處，因爲它可能導致記憶問題。畢竟，海馬迴是大腦的記憶中心，許多長時間經歷劇烈壓力反應的人（就像本章開頭的患者一樣），也面臨著短期記憶的退化。一些長期處於高度壓力下的人，說話時難以找到合適的詞彙，另一些人則容易忘記地點。後者發生的可能性更大，因爲海馬迴也跟空間定位相關。

壓力催生壓力

或許比健忘還糟糕的，是海馬迴的萎縮會使我們變得比較無法制約壓力反應。如果杏仁核（我們的壓力油門踏板）超時工作，便會磨損海馬迴的「壓力剎車皮」。當海馬迴弱到不能再限制杏仁核的作用時，就再也無法控制壓力反應。這個時候，油門踏板杏仁核選擇加速，但是剎車皮海馬迴萎縮到幾乎無法減慢杏仁核，就會陷入一個惡性循環——我們接收到的刺激會在體內造成更多刺激。這正是在長期遭受壓力或慢性受壓的狀態下，可能發生的情況，最終可能造成大腦當機。檢查高度緊張或焦慮者的大腦，會發現他們的海馬迴尺寸比平均值稍小，這可能就是皮質醇漸漸侵蝕造成的。

好體格抗壓性更強

如果你想好好處理壓力，可以試著降低皮質醇對大腦的影響。

這時就得提到運動了。如果你去跑步、騎自行車，或者以其他方式活動，皮質醇的濃度將在活動期間有所提升。這是因爲體力消耗對身體來說是一種壓力：你的肌肉需要更多能量和氧氣才能正常工作，所以心臟會跳得更快、更有力，以增加血流量，而心率和血壓就會升高。皮質醇的這種影響不僅是正常的，還對你的表現有重要意義。運動結束後，你的身體不需要相同的壓力反應了，因此皮質醇會下降到開始跑步前的濃度。如果規律運動，你的皮質醇在運動中增加的幅度會越來越小，運動後減少的幅度則會越來越大。

有趣的是，如果堅持運動，即使感受到與身體活動無關的壓力，皮質醇濃度也會變得越來越低。身體的壓力反應（無論是運動還是工作帶來的），都會因運動而獲得改善。簡而言之，運動教會身體不要反應過度。

通常，這樣的改變是不會有壞處的。你也許已經注意到（我自己也深有體會），在高強度的運動期間，我們對壓力的敏感度較低。比如，你過了一個高負荷、繁忙的工作日，但當你回想起來，會發現自己幾乎感覺不到任何壓力。這不能簡單用「因爲運動，我感覺好一點」來解釋，實際上是運動增強了身體對壓力的耐受性。

死亡荷爾蒙——皮質醇

皮質醇有時被稱為「死亡荷爾蒙」，因為血液中的皮質醇濃度過高，會對海馬迴和其他幾個部位造成損傷。這個說法聽起來嚇人，但破壞大腦並造成腦組織損傷，並不是皮質醇的唯一作用，它有很多重要的任務。問題在於，皮質醇演化的程度，還不足以對抗現今的長期高壓生活方式。

在人類演化初期所處的非洲大草原中，壓力總是突然降臨。面對威脅，我們的祖先可以選擇繼續進攻或是逃跑。他們並不會每天都待在想吃掉自己的動物面前。在這種情況下，皮質醇是一種使我們有能力迅速做出反應的能量。

但是今天，多數人不必擔心會被吃掉或被撲殺。然而，工作上的截止日期、待付的帳單、維修房子帶來的，並非短期壓力，而是持續的。當你擔心調漲的貸款利息、找不到時間去托兒所接孩子時，讓你就像站在飢餓的獅子面前一樣，啓動同樣的壓力反應。只不過你面對獅子的反應會更加激烈一些，只要逃跑或被它吃掉，壓力就消失了。

雖然你的貸款並不會真的殺死你，但它會讓你持續產生高濃度的皮質醇，最終可能毀掉你的大腦。

練習安撫壓力反應

蒙特婁神經成像壓力測試（Montreal Imaging Stress Test, MIST）揭露了我們面對壓力時會做出的反應。這是一種由電腦成像的測試，要求受試者在有限的時間內，對著顯示器進行心算並標記答案。提交答案之後，無論對錯，電腦都會立即給出結果。

測試前，受試者被告知參加此測驗的人平均能答對八、九成。測試開始後，無論受試者選的是對還是錯，電腦只會顯示二〇%至四五%的答案爲回答正確。於是，受試者的得分遠低於被告知的平均水準。在一般人看來，這樣有些殘忍，但這就是此實驗目的。因爲受到打擊而中途退出的受試者並不少見。

MIST實際上想測驗的，是壓力使血壓升高，並增加皮質醇的濃度，而不是受試者的心算能力。那麼，爲什麼我要向你講述這個煩人的測試呢？因爲它揭示了運動對壓力的驚人影響。

科學家要求一組健康的受試者在參加測試前，騎乘三十分鐘的自行車，而另一組則在不提高心率的前提下，進行較爲溫和的運動。結果顯示，騎車的受試者皮質醇濃度較低，因爲他們的身體沒有像其他人那樣產生強烈的壓力反應。無論受試者身體是否健康，測試的結果都呈現——運動可以平息壓力反應。

同時，他們還發現騎車的受試者，其海馬迴（大腦中對壓力反應起制約作用的部分）活動能力較強，整個HPA軸的活動也更加柔和。這說明了：運動對於海馬迴來說是份眞正的禮物。正如你將在〈跑出好記性〉一章讀到的，如果經常運動，海馬迴便會生產出新的腦細胞。

讓高級認知消除焦慮

所以，海馬迴就像壓力反應的剎車，可以透過運動加強其功能。但海馬迴不是你腦中唯一的制約系統，位於額頭後方的額葉也可以抑制壓力反應。尤其是前額葉皮質的部分，是較高級的認知功能所在之處。查看和抑制衝動、抽象思維等都起源於此。壓力下，前額葉在保護你免受過度情緒反應侵襲、控制非理性行爲方面，都發揮著核心作用。

乘坐飛機遇到亂流時，你的腦海裡可能會閃現「天啊！我們要墜機了！」的想法，這是杏仁核以迅雷不及掩耳之勢，讓你的身體處於紅色警戒狀態（戰或逃）的體現，使你表現出焦慮，甚至是恐慌。額葉則用邏輯冷卻這些感覺：「這只是氣流，以前也遇過，那時沒有墜機，現在又怎麼會發生呢？」

杏仁核和額葉之間持續拔河，而且不僅僅只有充滿壓力時才這樣。就像杏仁核與海馬迴間相互抗衡，杏仁核及額葉間也有個平衡，而且可能因人而異。

有些人比較容易焦慮的原因，很可能是他們的杏仁核會在平安無事時發送恐懼信號，而額葉無法抵擋和抑制這種習慣。因此，這些人往往會看到各處潛在的危險和災難，並沉浸在無盡的壓力和不祥的預感中。

壓力讓大腦萎縮

壓力不僅會使海馬迴縮小，似乎對額葉也具有相同作用。的確，容易焦慮的人，其額葉通常比較小。這聽起來像是對易焦慮者的一種歧視！壓力持續的時間越長，大腦消耗的能量就越多，剎車的功能就越糟糕。那些長期受壓力困擾的人最需要海馬迴和額葉，而在他們身上，這兩者都不能以最佳狀態工作。

每當杏仁核發出警報、額葉無法維持平衡時，就會開始對微不足道的東西反應過度了。「我今天早上向老闆打招呼時，他回答得很簡單。也許是因爲他不喜歡我。我一定是做錯了什麼，我這麼沒用，可能很快就會被解雇。」如果這時候額葉能正常介入，就可以更清晰地評估這種情況：「老闆今天心情可能有點不好，但誰沒有心情不好的時候呢？也許他只是昨天晚上沒睡好而已。」

當額葉變得更活躍，我們似乎會顯得更平靜、壓力更小，並且更容易抵擋杏仁核產生的焦慮。似乎可以嘗試透過磁場刺激額葉來促進其活動，以緩解整個壓力反應。

換句話說，如果你想減輕壓力，增強額葉（大腦中負責「思考」的部分）是非常重要的。由於本書關注的是運動對大腦的影響，所以你現在應該已經知道，運動時額葉和海馬迴是大腦中獲益最多的兩個區域，可以藉此增強功能。

運動對額葉有什麼影響？

運動如何使額葉變強？答案是，有很多途徑！當你運動時，大腦的供血量會增加，額葉便獲得更多新鮮血液，所以工作起來會更有效率。再過一段時間，額葉會產生新的血管，改善血液和氧氣的供應，同時去除更多的代謝廢物。

增加供血量和製造新血管僅僅是個開始。如今，我們已經知道規律的運動會讓額葉和杏仁核之間建立更緊密的連結，從而使額葉能更有效地控制杏仁核——就像老師親自站在教室裡（而不是在外面遙控監督），更能維護班上的秩序一樣。

不僅如此，令相關領域的許多研究者驚訝的是，多虧規律的運動，額葉也出現長期的生長趨勢。這是已獲得證實的發現，而非科學假設。研究人員讓健康成年人散步一小時，並定時測量額葉大小。結果發現大腦最外面的大腦皮質，似乎在這段時間內獲得了成長。這眞令人難以置信。簡單地散散步，我們的額葉就變大了！

每個人都知道，運動會使肌肉增大，但你可能並不了解，運動也會使大腦中較複雜的區域（即把人類與其他動物區分開的部分）得到進一步發展。但前提是：你必須堅持不斷運動，永不放棄！額葉不會一夜之間就學到如何好好控制杏仁核，可能需要幾個月。即使運動能夠立刻緩解壓力，我們仍然有更多理由持之以恆。

不堅持運動幾個月，就不會感受到其所產生的健康效益和更強的抗壓能力。但是，你能在很多方面看到變化，因爲大腦對壓力的冷處理並非只是「更善於對抗壓力」那麼簡單。研究還顯示，當大腦的壓力反應區（HPA軸）活動降低時，自信（一種與緊張和焦慮等因素有關的特徵）就會得到提升。

吃藥太有效？

一些治療緊張和焦慮的藥物可以迅速緩解症狀。你可能聽過其中一些藥的名字：地西泮（Diazepam，可用舒緩焦慮、肌肉痙攣及癲癇）、奧沙西泮（Oxazepam，緩和焦慮相關症狀）、氟硝西泮（Rohypnol，舒緩焦慮、安眠、肌肉鬆弛，爲第三級管制藥品）、阿普唑侖（Xanax，主要用於緩解焦慮及緊張感）。

大腦會去尋找緩解壓力的方式，因此藥物化解焦慮、產生冷靜狀態的速度對大腦來說非常誘人。上述這些藥物的問題並不在於效果不好，畢竟它們進入人體後，能**很快**消除緊張和焦慮的感覺。但服藥的風險是，一旦嘗試過一次，下次大腦就會吵著要這些藥物。除此之外，大腦適應得很快，所以經過短暫的治療後，腦內化學物質可能就已產生變化，使得那些最初有效的物質不夠用。你需要增加藥物的劑量才能達到相同的效果，此時就有上癮的風險了。

除了上述藥物，還有另一種物質去除緊張和焦慮感的效果奇佳無比，並且具有產生依賴性的風險。這種物質就是酒精。它可以迅速降低壓力反應，事實上，能與酒精匹敵的物質很少。任何藉酒消愁過的人都知道我在說什麼——幾滴酒，所有擔憂和焦慮就都消失了。

不過，鑒於酒精和抗焦慮藥物具有類似的作用，許多服用藥物的患者身上會出現類似酒醉的「乾醉症狀」（dry drunk syndrome）。而酒精和抗焦慮藥物的共同點在於，它們的目標都是能抑制大腦活動，以確保組織不產生任何變化的γ-胺基丁酸（GABA）。

壓力大解析

額葉和杏仁核之間由神經通路連接。目前一般都認為，傳遞資訊的途徑越優質，額葉對杏仁核的抑制作用就越強，從而能有效抑制緊張和焦慮的感覺。

我們可以從解剖學的角度看看緊張和焦慮情緒的神經通路，以及理性思維大腦和爬蟲腦的物理耦合（編按：能量彼此傳遞的現象）。緊張和焦慮的嚴重程度似乎與這些通路的粗細有關。事實上，現代醫療技術使我們能夠實際測量神經通路的粗細。在大腦不同區域之間，粗神經通路的傳輸信號效果更好，同時也意味著額葉對杏仁核的控制更加有效。而杏仁核和額葉之間最重要的通路之一被稱為鉤束（uncinate fasciculus, UF），其厚度為四、五公分。

實驗已證實，廣泛性焦慮障礙患者的UF通路在傳輸信號方面效率低下，可能意味著他們的額葉對杏仁核的制約能力較弱，於是導致焦慮和緊張的發生。

壓力滅火器

ＧＡＢＡ是一種胺基酸，像滅火器一樣澆滅腦細胞的活動，使大腦冷靜下來，緊張感就消失了。因此，ＧＡＢＡ的活化可以快速有效地緩解緊張情緒，就好像喝了酒或服用抗焦慮藥物一樣。

ＧＡＢＡ最酷的地方在於，它不僅能以酒精和藥物啓動，也可以由運動來打開開關。走路會產生一定的觸動效果，但最好的開關是跑步或騎自行車。我們現在已經知道，持續的體能消耗會增強ＧＡＢＡ的活性，這種現象在大腦皮質下方很常見，很多壓力都源自於此。ＧＡＢＡ活性增強的同時，也意味著體能運動襲擊了壓力的巢穴。

保姆神經元

運動對大腦的影響，可能是由ＧＡＢＡ造成的。正如你將在〈跑出好記性〉中讀到的那樣，運動會讓大腦產生新的腦細胞，就像新生命（即小孩）一樣活蹦亂跳。要三歲的孩子安靜坐好，幾乎是不可能的，而對於新的腦細胞來說也是如此。它們總是處於活躍的狀態，想怎樣就怎樣，並且喜歡在不經周遭提醒的情況下，向其他細胞發送信號。這聽起來或許還挺可愛的，但從壓力的角度來看，則是壞消息。過度活躍的腦細胞容易產生焦慮感。經歷過多次緊張和焦慮的人，可能更喜歡冷靜一點的腦細胞，因爲它們不會隨意開火。

值得注意的是，雖然運動會促進極度活躍的新細胞形成，並由此產生更多緊張和焦慮的情緒，但你反而會變得冷靜。這可能是因爲運動所產生的新細胞，主要都是GABA細胞，與容易失控的腦細胞相比，更有助於抑制新生細胞的過度積極。

在科學論文中，這些GABA細胞有時被稱爲保姆神經元（nanny neurons）。其名稱便說明了，它們的作用是讓其他年輕的腦細胞平靜下來。這些保姆神經元對環境的舒緩作用，使整顆大腦安定下來。而透過運動，你可以製造更多這樣的神經元來有效抑制大腦中的活動，從而減緩緊張的程度。你可能會好奇這些它們從哪裡來。經動物實驗證實，它們主要在海馬迴附近形成，這裡正是對調節情緒和抑制焦慮都非常重要的區域。

就這樣，運動把目標對準了壓力和焦慮的核心。

為什麼我們會擔心？

身體內建的緊張和焦慮機制，大大增加了我們的生存機率。在當今發達的社會裡，生活和生存比過往任何時候都更加容易。多數人不必擔心遇到危險、缺乏食物或露宿荒野，但矛盾的是，我們仍然要經歷高強度的緊張和焦慮。我們理應每天都悠然自得，過得平靜安詳。但為什麼事實並非如此呢？

你可以從人類的過去找到答案。首先，在非洲大草原上畫出兩組人類祖先：一群人總是感到滿足、放鬆，即使割傷了腳趾，也感覺一切都會好起來；另一組人則總是不滿和擔心：「明天怎麼辦？明天怎麼辦？」「我們的食物夠嗎？如果天氣變壞了可能抓不到更多的斑馬或羚羊了。我們出去打獵吧！這樣能放心點。」

你認為哪一組人能活得更久？我肯定會把賭注放在焦慮那一組。因為我們經歷的焦慮和緊張，實際上促使我們做了很多規畫未來的工作，並增加生存機率。我們感受到的這些情緒並不是自然界的惡作劇，而是一個充滿好處的生存機制。雖然它並不適合今天的生活，但不管我們喜歡與否，它仍然存在。這也解釋了為什麼運動有利於對抗緊張和焦慮：白天運動，就和祖先們尋找食物或逃避危險一樣。換句話說，就是為了活下來做些事。所以，當我們在跑步機上奔跑時，大腦就將這理解為一種增加生存機率的活動，反過來緩解了我們的壓力和焦慮。

一個更具哲學意味的說法是：焦慮是由智慧帶來的。有能力規畫並思考未來的走向，可以使我們提前考慮未來能避免的事情。這就是人類的特質。如果我們開始關心下週工作可能發生的事情，即使它們不會構成真正的威脅，也足以使我們備感壓力。擁有預測危險的能力，也意味著能夠計畫如何迴避，並在它變成既定事實前開始擔心它。所以，焦慮實際上是我們為變得聰明而付出的代價。

肌肉是個壓力處理工廠

科學家們透過改造老鼠的部分基因，使牠們生來具有比一般老鼠更加發達的肌肉，並且不太會產生壓力反應。科學家試圖以明亮的燈光和強大的噪音，讓基因改造的老鼠產生恐懼，但每次都以失敗告終。這些老鼠的神經就像鋼鐵做的一樣。肌肉中有阻止老鼠產生壓力反應的物質嗎？沒錯！肌肉能中和一種由壓力產生的代謝物質——犬尿胺酸。

它或許對大腦有害，但在肌肉的幫助下卻會被中和，從而被擋在大腦外面。老鼠們很可能就是因爲它，得以抵抗刺激帶來的壓力反應。人類肌肉組織中也有中和壓力代謝物質的機制，這表示肌肉能像廢物處理廠一樣，移除破壞性的壓力觸發點。就像肝臟透過去除有毒物質來淨化血液一樣，肌肉也能保護大腦。

如果肌肉可以中和重要的壓力物質，那麼我們也能輕易推斷出：透過訓練肌肉，我們更能好好地處理外界的壓力。雖然有不少人指出，這些基因改造的老鼠似乎能有效抵抗外界刺激，但對於人類來說影響有多大，卻還沒有確切的答案。

重訓也有助於抗壓

這個實驗更加令人興奮的原因在於，它是展示重量訓練能有效對抗壓力的首個實例之一。通常，科學家們會將注意力放在有氧訓練上，但在這個實驗裡，所有測試都圍繞著肌肉的抗壓潛能。但我們能做出「只要靠重量訓練，就能保護自己免受外界壓力傷害」的結論嗎？不，絕對不行。即使這麼想沒什麼錯，但最好還是交替進行各種類型的運動，包括重量訓練和心肺有氧訓練。

從各方面處理煩惱

你是否開始看見運動爲何有助於人們緩解緊張和焦慮了？它能從多方朝向緊張和焦慮進攻！每次運動後，皮質醇的濃度都會下降，即使壓力再次侵襲，皮質醇的濃度也不會上升太多。海馬迴和額葉（壓力反應的剎車）會因運動而增強，並更有效地抑制杏仁核不去啓動焦慮引擎。大腦的GABA制約系統也因具備更多保姆神經元而強化，肌肉中和壓力代謝產物的能力也有所提升。這一切都是同時發生的。

事實上，我們很難分開討論這些機制，以及在對抗焦慮中分別發揮多少作用，比如有多少功勞要歸於皮質醇濃度下降、有多少要歸於GABA。但是，如果我們結合所有機制來看看最終結果（這才是我們在意的），就會發現運動是緩解緊張的靈丹妙藥，也許還是最棒的特效藥！

不再煩惱的青春期

過去幾年，因緊張和焦慮而尋求心理醫師幫助的青少年越來越多。從生物學的角度來看，他們的焦慮沒有什麼特別之處。大腦抑制緊張和焦慮的區域，包括前文所提到的額葉和前額葉皮質，是人類在生長過程中最後成熟的部分，一直到二十五歲左右才發育完全。然而，產生緊張和焦慮情緒的區域，比如杏仁核，通常在十七歲時就完成發育了。因此，在制約系統不能完全控制焦慮的情況下，青春期充滿了情緒波動、衝動和焦慮。

不過，運動也能消除青春期的緊張和焦慮情緒！

智利居民最近幾年開始遭受如糖尿病和心血管問題所苦，但這些疾病原本只在西方高度開發國家間流行。科學家們想要看看，是否有可能透過改變生活方式來扭轉這種趨勢，也想知道藉由規律訓練能否提升青少年的幸福感和自信心。

於是，智利展開了一項研究，針對兩百名來自其首都聖地牙哥，住在某貧困地區的九年級健康學生進行實驗。爲期十週的運動課程結束時，實驗顯示運動不僅產生了很好的健身效果，而且顯著提高了這些青少年的自信心和幸福感。另一個顯著的效果是，該計畫降低了他們緊張和焦慮的程度。他們在訓練後更少焦慮，並感到更平靜、更有自信。

降低壓力、減少玩世不恭

你覺得自己現在的焦慮與青春期焦慮無關嗎？在一項研究中，爲了解有些人爲什麼會心肌梗塞猝死，以及焦慮如何誘發心肌梗塞，科學家請三千多名芬蘭男性回答有關生活方式的問題。結果顯示，每週至少運動兩次的男性，比較沒有緊張和焦慮的問題（這與智利的情況一樣）。常運動的人也不太容易變得具侵略性，對生活的態度也不那麼玩世不恭。

但是，這就能證明運動一定能減輕緊張和焦慮嗎？並不行。

我們不能確定使芬蘭男性減輕壓力和擔憂的是「運動」，因爲也有可能是他們本身就壓力少且常運動。因此，如果只考察芬蘭和智利的研究結果，下結論時就得謹愼小心。但是，如果把這些研究結果和其他所有相關研究放在一起看，情況就變得很明確了：無論年長還是年幼，運動都會對他們生活中的緊張和焦慮產生巨大影響。

壓力在大腦中的優勢地位

人們很容易把壓力當成是絕對負面的事情。但是，事情當然沒那麼簡單。相反的，壓力對我們處理事情的能力至關重要。在學習如何透過運動等方法處理壓力和憂愁前，還必須了解壓力對人類的重要意義。

想知道一樣東西多重要，把它移除就對了。順著這個思考方式，如果把壓力反應系統從我們的身體裡剔除，會發生什麼事？科學家們試圖藉由手術，摘除一群猴子的杏仁核，並猜測這些動物感受恐懼的能力會因手術而有所改變。為了證實這個假設，還找了一些讓多數人和動物都會感到不適的同伴——蛇。

就像人類一樣，猴子通常對蛇有著根深柢固的恐懼。但是杏仁核已經被移除的猴子，卻一點都不怕蛇。牠們的表現恰恰與科學家所預期的相反——非但沒有要遠離危險的意思，還對蛇很感興趣、與蛇一起玩，在周圍蹦蹦跳跳。

無法感覺到恐懼的女人

猴子似乎並不關心牠們遇到的危險，這是因爲牠們不再感受到恐懼？還是誤解了整個形勢？是因爲手術損傷了大腦，使牠們無法理解自己在做什麼嗎？牠們不覺得這些蛇很危險嗎？我們很難要猴子回答。相較之下，研究天生沒有杏仁核的人會簡單得多，但這樣的人實在太少了。

即使少見，美國科學家還是找到一位罹患罕見遺傳性疾病「皮膚黏膜類脂沉積症」（Urbach-Wiethe disease）的四十四歲母親。自一九二〇年代首次報導至今，只有不到四百名案例，而這名女性提供科學家們很多了解杏仁核及其壓力反應的機會。這種疾病會破壞包括顳葉（杏仁核所在處）在內的幾個大腦區域，並因此變得特別脆弱。至於這位女士，則是大腦兩邊的杏仁核都受到影響。

這位女士雖然患病，但智力正常。她願意參加這一系列的科學研究，讓科學家看看杏仁核的缺失，是否會影響人類恐懼感的形成。

科學家們帶她到寵物商店測試對蛇的反應，就像他們原來對猴子所做的一樣，並同時測試她對蜘蛛的反應。在這次實際測驗前，這位女士聲稱自己一直很厭惡蛇和蜘蛛。即便如此，她走到爬蟲飼養箱前時，卻被一群巨蟒迷住了。科學家們把箱子抬起來，以方便她撫摸蛇。此外，根據工作人員的描述，即使他們警告蛇會咬人，她也毫不猶豫地開始玩弄那些蛇。科學家們請她替自己的恐懼程度打分數，〇分表示完全不害怕，十分表示非常害怕。結果，她評比「和致命大型爬行動物玩耍」爲兩分。

她把玩毛茸茸的大狼蛛時也是如此。商店的工作人員表示，她在接觸動物之前幾乎毫無防備，就這樣和這些動物們玩，直到被工作人員打斷。因爲他們覺得她這樣很可能會被咬傷，不太安全。這隻蜘蛛的兇悍和危險，不足以影響她對牠的喜愛。事實上，這名女士的無憂無慮，讓人聯想起猴子是如何與蛇玩耍的。

我們很容易把她這樣魯莽又輕率的原因，直接歸結於她被摧毀的杏仁核。但在得出這個結論之前，我們應該像猴子實驗那樣謹慎地推測是否存在其他原因。也許這單純是出於人類對動物的恐懼，畢竟有些動物即使很溫順，也會引起人們的緊張。說不定她遇到其他問題就會感到害怕？

於是，科學家們接著讓她看一些從恐怖電影裡截取的片段，例如《鬼店》《七夜怪談》《厄夜叢林》等。這些電影通常能讓多數人嚇得魂飛魄散，但爲了確保截取的部分夠毛骨悚然，科學家們首先讓一組測試對象以〇至十分，對自己的恐懼程度進行評分。大多數實驗片段的得分在六、七分之間。

但同樣的電影片段並沒有引起這名女士的恐懼，她統統打了〇分。然而，奇怪的是，她似乎對這些恐怖電影產生興趣，並且認爲看起來很振奮人心。她甚至問了其中一個片段的片名，因爲這樣就可以租回家看完整部電影。

除了參加以恐怖動物和恐怖片爲特色的實驗外，科學家們也持續追蹤這名女子數年。很明顯地，杏仁核受損後，她基本上無所畏懼，但是其他感覺卻沒有受到影響。在不同的情境下，她會感到快樂、愉悅或悲傷。研究人員透過播放不同的電影片段，發現她的其他情緒表達完好無損。這些令人毛骨悚然又夾雜著喜劇和情境劇的片段，能引發她除了恐懼之外的所有感情，並表現出正常的反應：看喜劇片段時笑了起來、看到被遺棄的孩子時表現出悲傷。杏仁核的缺席並沒有讓她變得冷漠、情緒失控或無法感覺到任何東西。相反地，她被帶走的只有感知恐懼的能力。

這樣的設定挺讓人嫉妒的！想像一下，你從來不會感到害怕也不會擔心，也對生活中所面對的多數事情不屑一顧。但是，這名女士活得並不輕鬆，她的無所畏懼也對她造成嚴重的影響，更因此多次陷入危險。她曾遭搶劫犯持械威脅。通常這類經歷會讓人焦慮，且大多會變得更加小心，甚至會繞道不經過曾被搶劫的地方。然而她卻很快就忘掉這些經歷，繼續前進，絲毫不改變自己的行爲。她生活在一個毒品和暴力問題嚴重的經濟蕭條地區，且會在深夜出門，前往那些危險的地方。儘管環境不安全，但她似乎沒有學會規避危險。

我們內心最深的恐懼

她是否徹底對恐懼免疫了？不，因爲科學家們最後發現能讓她非常害怕的東西：呼吸困難（喘不過氣或窒息）。

吸入二氧化碳，喚醒了她以前無法感受到的恐懼。如果呼吸不到足夠空氣，二氧化碳的濃度會在體內迅速升高。實際上，二氧化碳的增加（而不是氧氣的缺乏），迫使腦部迅速做出反應，因爲大腦將吸入二氧化碳解讀爲窒息，而這所帶來的恐懼，可能比任何其他類型都根深柢固。吸入二氧化碳後，很快就會被恐慌籠罩。這就是她所經歷的情況。生平第一次經歷如此全面的恐懼，她尖叫、顫抖、喘息著要呼吸新鮮空氣。在沒有杏仁核的參與下，她的大腦提醒一場危及生命的事故正在發生。

後來，這位女士解釋，在她體會過的所有感覺中，這次不僅是最強烈的，還是全新的。那麼，爲什麼她會對窒息的預兆感到恐慌，但面對蛇、蜘蛛和恐怖電影時卻很平靜？

一個可能的解釋是，在我們衡量外部危險，如遇到蛇或用武器威脅自己的人時，杏仁核才會發揮作用。外部事件需要經過解讀才能傳到內部：比如我面前拿著刀的這個人，對我來說是危險的。另一方面，如窒息感覺的內部威脅卻不須解釋。因爲它所帶來的恐懼，早已存在於我們內心深處。

杏仁核當老大

猴子實驗與這名女士的例子，都說明了大腦裡的壓力反應操控功能，也展示了杏仁核在危險面前所扮演的角色，是用來警示和激發壓力反應。杏仁核非常強大，可以快速地將心臟和身體切換到戰鬥模式，讓人不再考慮長期後果。至於大腦可以使用的剎車（例如海馬迴和額葉），在眞正令人恐懼的情況下，卻不會發揮其從容、反覆思考的功能。原因很簡單，它們的功能被杏仁核抑制下來了。

當我們還生活在演化階段的非洲大草原之中，杏仁核夠強大是個關鍵。因爲一旦受到野獸的威脅，杏仁核能促使我們迅速做出決定。

「我應該攻擊？還是想到現在手無寸鐵的處境，乾脆逃跑算了？」在這種情況下，沒有太多時間來衡量各種情況的利弊，否則會貽誤時機。好在杏仁核已經抑制了大腦其他部分的功能，以便我們能立即做出反應。

在當前社會，我們不太需要這種機制，因爲已經很少會遇到生死攸關、需要迅速做決定的情況。所以，明明杏仁核所面臨的並不危險，卻導致我們出現情感上的反應過度。在一九九〇年代中期，美國心理學家丹尼爾．高曼創造了一個名詞：杏仁核劫持（Amygdala hijack）。指出我們的杏仁核會對某種狀況產生強烈情緒，誤以為它所帶來的威脅比實際大得多。可以說，杏仁核就這樣劫持了大腦，並迫使我們進入戰鬥或逃跑模式，不再理性地做出反應。

光是有最強烈的情緒波動，或許還不至於讓杏仁核劫持大腦，這一切還必須來得非常迅速，而且會讓你在事後感到懊悔。高曼舉的最貼切例子之一，就是拳擊手麥克．泰森在比賽中咬掉了依凡德．何利菲德的耳朵。泰森的行動很快（可能更像是一種條件反射），也讓他十分後悔。除了咬耳朵的尷尬之外，泰森還面臨著數百萬美元的罰款和法律費用。

根據丹尼爾．高曼的說法，這就是一個杏仁核被劫持的典型案例。

提高抗壓力

得知大腦的杏仁核和壓力反應有多強大時，我們也開始明白自己之所以不能完全逃離生活中的壓力，是因為它在大腦中的地位已經根深柢固。我們固然可以盡量避開那些最讓人頭疼的事情，但是要想過上完完全全沒有壓力的生活，則意味著你必須搬到荒郊野外！即便如此，你還是會有孤身一人的壓力。

既然不可能消除生活中的全部壓力，更好的目標就是增加抗壓力，而運動正好可以做到這一點。它不能完全消除壓力，但能幫助你更懂得處理壓力。規律的運動可以增強大腦的剎車性能，因此要進入「戰或逃模式」就得花更多時間了。譬如，你因爲錯過某項任務的截止日期而遭批評。如果你常運動，那麼進入恐慌模式（心率加快、血壓上升、思考混亂）的可能性就會降低。運動增強了你應對這種情況的能力，避免身體或心理上出現過度反應。

我想對那些覺得自己壓力太大而不願意運動的人說：「你正是最需要運動的人！」對於那些認爲自己手上事情太多，沒時間運動的人，我也有點話想講：「如果你肯花時間鍛鍊身體，不僅感覺會更好、壓力更少，在工作表現方面也會得到超值的回報。我敢說，如果你在工作時間抽一個小時來運動，在這天剩餘的時間裡，你都會更有效率。」

至少，運動對我產生了這樣正面的作用。

顯示在體重計上的壓力

我藏了一張王牌，以防你還是不相信運動是種管理壓力的好方法。最能激勵人們去跑步或健身的，並不是身體會變得更健康、自我感覺變得更良好、處理壓力的能力能提高，而是他們在鏡子中看到的自己！比起很多東西，減肥和打造運動員般的身材，才是讓多數人變得愛運動的原因。

在此，我要說些好消息：如果你透過運動增加了抗壓力，這種變化也會呈現在體重計和鏡子中。

皮質醇會阻礙身體燃燒脂肪，高濃度的皮質醇更會導致脂肪囤積在腹部，以及增加食欲，讓人特別想吃高熱量的食物。你如果處於很大的壓力之下，並且讓皮質醇保持在高濃度狀態，腰間就可能長肉，並渴望大啖甜食。透過運動來抗壓，實際上是在降低皮質醇濃度。長期來看，這樣可以減少食欲、降低脂肪的儲存，而燃燒更多脂肪。在體重計和你的腰上，都將顯示出大腦健身房可觀的效果！

壓力是暫時的，焦慮是長久的

你應該經歷過焦慮的時刻（每個人都有過），但很可能不知道它到底從何而來。當患者要求我解釋什麼是焦慮時，我通常會說這是一種令人無法抗拒的恐懼、一種難以平靜下來的心情，且總是感覺有什麼不對勁，讓你想要逃離自己的身體。

緊張和焦慮並不總能輕易地被區分開來，但人們通常認爲，緊張是對當下狀態和當前所發生事情的一種反應，而且這件事情被大腦當成了威脅。另一方面，焦慮則是擔心暫時不具威脅性或可能將發生的事情。當你因爲在工作上犯錯中而遭到責備，你感覺到的是短暫的緊張；焦慮則是事過境遷後，雖然沒在做上次的工作，卻在一週後感覺到緊張。

緊張是短暫的，焦慮卻長期存在。基本上，它們是相同壓力反應（即HPA軸）引起的兩種心境。

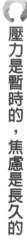

焦慮是種疾病，還是某種功能？如果從生物學的角度解析焦慮，害怕和恐懼的感覺是來自「一種早已消失卻被我們當成威脅」的經驗。這種揮之不去的感覺有不同的強度。

焦慮就像緊張一樣，塑造了一個寬廣的網路，可以涵蓋從輕微不舒服到全面恐慌各種程度的情緒：焦慮可以反覆發作，例如恐慌或隨著時間演變為焦慮症；焦慮可以在回顧創傷時出現（如創傷後壓力症候群），或在社交場合中爆發（如社交恐懼症）。儘管人們只界定了少數幾種焦慮症，但焦慮症的種類實際上幾乎和患者數量一樣多。

但焦慮危險嗎？在許多因恐慌症發作而倍感焦慮的人看來，答案是肯定的，有些人甚至擔心自己會死掉，也有許多人認為只有自己一人處於困境中。不過這些都是錯誤的。即使焦慮不讓人感到愉快，但它既不危險也不罕見。即使你感覺心臟快要停止，它也不會因為焦慮而不再跳動。焦慮症的患者也並不孤單，因為焦慮是一種既常見又有益的反應，多數人都有過不同程度的經歷。只是有時候，焦慮會占領一些人的內心。

潛意識中的恐懼

我們可以討論一下引起焦慮的原因。現在已知焦慮症患者都有一個過度活躍、容易被啓動的杏仁核，在沒有任何威脅存在的情況下也會發出危險信號。他們可以在潛意識中，看到街頭巷尾暗藏的災難。

曾有人以〇．〇二秒的速度切換照片，來測試人們是否能看到生氣和平靜面孔交替出現。人們通常能看到一張臉，但是無法辨認表情。不過對於焦慮的人來說，即使每張照片都一閃而過，他們還是能對照片上不同的表情做出不同反應。

在受試者看著憤怒的臉部照片時，科學家也同時以MRI檢查受試者的大腦。結果發現，焦慮症患者的杏仁核更容易被視覺刺激所喚起。況且，即便觀看者可能根本不知道自己看到了什麼，只要焦慮的程度越重，憤怒面孔激起杏仁核的速度就越快！然而，對於不被當成威脅的平靜面孔，健康者和焦慮症患者的杏仁核反應卻沒有明顯的差別。

對於高度焦慮者來說，杏仁核始終站在起跑線前，隨時準備發送危險信號，這樣一來，身體的壓力反應也會跟著被啟動。

該去運動還是躺著不動？

隨著閱讀過這麼多研究，現在你更加了解為什麼運動有助於緩解壓力。

無論是兒童還是成人，顯然都應該參與一種或多種體育項目。這並不表示你該放棄對你或許也有幫助的休閒娛樂、靜心、正念療法或瑜伽。但是，如果不運動，你可能會錯過處理緊張和焦慮最有效的方法。

若你必須在運動和放鬆之間做出選擇，運動總是更好的選項。如果每個人都變得更加愛運動（可不是說大家都要去跑馬拉松），那麼人們在現代生活中就會感到更輕鬆、尋求心理醫師幫助的人也會減少。

無論是否感受到壓力，運動之後，幾乎每個人的感覺都會好很多。

運動幫你趕走焦慮

緊張與焦慮很難被區分開來。畢竟，它們都是壓力系統（包括HPA軸和杏仁核）的一部分，這個系統在緊張和焦慮時都很活躍。正如先前提到的，運動對消除緊張有著驚人的效果，這就是爲什麼運動也是治療焦慮的好方法。

讓患有焦慮症的美國學生每週散幾次步或跑步二十分鐘（兩者都不是高強度的運動），持續兩週後，散步者和跑步者的焦慮程度都下降了。焦慮感不僅在運動後降低，在接下來的二十四小時內都會保持在低點，並且持續整整一週。兩種運動方式中，哪種對焦慮的影響更大？答案是跑步。如果你想降低焦慮，多一些運動量一定會更好。

仔細想想，「運動能控制焦慮」這一點並不奇怪。因爲焦慮是由大腦壓力反應過度活躍，以及杏仁核無中生有發送危險信號所引起的，而運動增強了大腦用以對抗焦慮情緒的剎車。除此之外，額葉和海馬迴在鎮靜杏仁核方面的能力，也會因爲運動而變得更好，進而防止了焦慮的產生。

焦慮引發學習困難

原則上，每個人在面臨危及生命的情況時都會感到異常焦慮，但並不是所有人踏進地鐵車廂時都會焦慮不安。

我曾經有一位病人，在地鐵裡突然驚慌失措，並伴有心跳加速和呼吸困難。她的恐懼非常強烈，以至於覺得自己要死了。你如果經歷過這種情況，以後乘坐地鐵時就會感到焦慮，所以這位病人在焦慮發作過後，選擇只搭公車。這並非因爲她不知道地鐵是安全的，而是她的大腦誤判了當下狀況。引起大腦誤判的機制非常強大，超越了她正常的「大腦思維」。

正如你所看到的，杏仁核強大到可以推翻大腦。此外，它也保證讓我們好好記住威脅。你如果曾在地鐵裡經歷過一次恐慌發作，就會記得很清楚。從生存的角度來看，這是合乎邏輯的。我們被塑造成能清楚記得不愉快與危險經歷的物種，以便未來懂得要躲避。從演化的角度來看，記住樹林裡五處風景絕佳的地方並不重要，牢記被狼襲擊的地點卻很要緊。正因如此，負面的記憶才會搶先占領大腦裡的位置。

與恐懼有關的記憶非常生動。當你想治療焦慮疾病時，記憶中的恐懼可能會成爲一種障礙。對於任何在地鐵恐慌症發作的人來說，單單只是路過地鐵出口，就足以讓杏仁核觸發壓力反應和HPA軸。即使這個人最終克服了自己的恐懼並勇敢地再次乘坐地鐵，可能還需要很長時間才能完全放心。令人不愉快的記憶是如此強烈，以至於讓他只保留了恐慌發作的部分，忘掉其他較平淡的搭乘經歷。

考慮到這一點，你可以將焦慮症視爲學習的副作用，因爲得要夠危險，大腦才學得起來。但是，如果我們就是演化成「對危險的事情記憶深刻」，該如何才能擺脫焦慮和擔憂？

解決的方法其實就是慢慢地、耐心地建立新記憶。例如，去新增「安全乘坐地鐵，沒有發生恐慌」的記憶。這正是認知行爲療法作用的方式。在治療期間，醫生讓患者逐步發現引起焦慮的實際原因，以便由他們的大腦重新認識到這些東西其實並不危險。慢慢地，大腦裡的相關記憶便從「由焦慮引發的誤會」，轉變成「中性」和「沒有威脅的事情」。

心跳加快並不意味著焦慮

現在來談談運動有助於抗壓的另一個原因。隨著焦慮程度的增加，心率和血壓也跟著升高。焦慮時，身體進入戰或逃模式，心臟跳動得更快更強，為壞事的發生做好準備。與之相同的是，慢跑時，心臟也會跳得更快更強，卻不會有不愉快的事情發生。而且跑步結束後不僅能感到平靜，體內也會大量分泌腦內啡和多巴胺。運動可以告訴大腦，心率和血壓的增加並不意味著焦慮和恐慌，而是能帶來正能量。

這也正是那些被要求散步和跑步的焦慮美國學生身上觀察到的現象：經過跑步訓練的學生，不再因為心率加快而緊張。跑步後，即使心率加快到曾經引發焦慮的程度，但由於身體進行過調整，不再認為心跳加快是危險的信號，而是預告著有好事會發生。而散步的學生身上則沒有這樣的改變，他們的大腦似乎仍然認為心跳加快就是危險要發生了。這更加說明了，如果想克服焦慮和擔憂，就需要進行更激烈的運動。

曾有人說，那些容易焦慮和擔心的人應該避免參加體育活動。現在我們知道，這完全違背了事實。但是，我必須警告你，如果你曾經歷過恐慌發作，請務必謹慎行事。劇烈運動對你來說也可能是危險的，因為你的身體可能會把它當成即將發生的危險，要攻擊尚未準備好的你。出於這個原因，你的訓練強度最好逐步增加。

運動對抗緊張情緒

仔細看看研究，會發現一個明顯的模式：運動和壓力似乎對大腦有著相反的作用。高張力狀態（即高濃度皮質醇）削弱了腦細胞建立交流的能力，但運動卻會增強它；壓力會削弱大腦變化的能力，運動卻能增加它的可塑性。高壓狀態會阻止短期記憶轉化爲長期記憶，而運動則有相反的效果。看來，運動由此成了壓力和焦慮的解毒劑！

運動能預防恐慌發作

總有人不遺餘力地支持科學研究，幫助找出事情的真相。這裡想介紹我所知道的十二名極其勇敢的受試者，他們全都自願被注射一種叫做膽囊收縮素四肽（Cholecystokinin tetrapeptide, CCK-4）的物質。CCK-4有一個非常令人厭惡的副作用：它會導致恐慌發作，並伴有呼吸困難和心悸。有人會感覺非常強烈，以至於認為自己將要死去。這十二名受試者中，有六名在注射後直冒冷汗、呼吸困難，並且受讓人動彈不得的恐懼所支配，即使他們之前從未經歷過恐慌發作。

這個實驗又重複進行了一次，且令人驚訝的是，測試對象都同意再次接受注射。不過，這次的測試和前一次相比有很大的不同：受試者在接受注射前，進行了三十分鐘的劇烈運動（其劇烈程度至少是個人所能承受之最大運動量的七成）。就此，實驗結果發生了一些不尋常的變化：只有一位測試者恐慌發作。顯然，運動發揮了立竿見影的效果，並降低了發生此類事件的可能性。

無可否認的是，願意注射誘發恐慌的物質本身，就意味著這一組受試者很勇敢。但另一組受試者也許更大膽，因為他們之前曾經歷過恐慌發作，並且知道自己可能會有多害怕，卻依然同意透過CCK-4體驗恐慌發作。儘管與健康組（沒有發作經歷者）相比，這一組的注射劑量只有一半，還是有九名受試者體驗到恐慌發作。但是，與健康組一樣，當受試者被要求在運動後注射時，十二名受試者中只有四名發作。此外，他們認為這次的發作沒有以前嚴重。

因此，我們可以看到，無論是否經歷過恐慌發作，運動都具有預防作用。如果運動可以用來緩解這麼嚴重的焦慮狀況，那麼肯定也有助於解決我們身上常見的普通焦慮問題。

快樂處方箋

擺脫壓力和焦慮的妙方

從實際的角度來看，運動是擺脫壓力和焦慮的最佳方式嗎？至於要運動多久才能有效預防焦慮，科學研究也沒有給出一個具體的數字或標準。因爲每個人的身體對運動都有不同的反應，所以沒有人進行過系統性的比較。不過，即使沒有單一、確定、通用的方案，也有一些根據科學研究而來的具體方針可以遵行。

- 從緩解壓力的角度來看，有氧訓練似乎比重量訓練更有效。至少進行二十分鐘有氧訓練，如果耐力好，可以試著延長到三十到四十五分鐘。
- 讓運動成爲一種習慣，因爲隨著你的進步，運動的結果會變得更好。
- 海馬迴和額葉（大腦的兩個壓力剎車）要變得更強大，是需要一點時間的。要達到這一點，至少每週必須盡量讓你的心率加快兩、三次。如此一來，你的身體才會知道心跳加速不會帶來恐懼，而是迎向積極的變化。如果你有特別嚴重的焦慮和恐慌發作問題，這個方法對你來說就非常重要。

- 為了對抗焦慮，你至少每週應該運動到筋疲力盡一次，這在對抗焦慮方面非常有效。但是，如果你曾遭受恐慌發作或有過度憂慮的困擾，就應該謹慎選擇運動的強度，然後再慢慢增加。要是一開始就進行特別激烈的運動，可能會產生過度焦慮反應。
- 如果因為某些原因，你不能讓心率加快，或者這樣對你身體有害，那就去散步吧！儘管效果可能不如其他強度高的運動來得好，但散步也能抑制焦慮。

第三章

讓注意力更集中

思考始於運動，而非休息。
——亞歷山大·波普

只關注一件事

要想知道什麼方法能提高我們的注意力，必須先衡量注意力。但是該怎麼做呢？簡單地問問某人是否感覺自己的注意力有集中就夠了嗎？科學研究中，人們希望能有更客觀的測量方法。

於是有了「側翼任務」（Eriksen Flanker Test）。實驗中，顯示器上會顯示五個箭頭。測試任務是盡可能快速指出中間的箭頭指往哪個方向。有時，全部箭頭會朝相同的方向（<<<<<），這樣判斷方向會簡單一些；但有時，中間的箭頭指往一方，而其他箭頭則指向另一方（>><>>），這時，判斷方向的訣竅是忽略中間箭頭以外的所有箭頭。這個測試的節奏很快，每次箭頭只出現兩秒鐘。要快速判斷，並把注意力放在眼前的部分內容上，大腦需要忽略其餘不相關的資訊。在這種情況下，不相關的資訊就是周圍的幾個箭頭。

這就是所謂的**選擇性注意**。

這類型的測試看起來可能很普通，但它實際上清楚地說明了，在不被周圍環境分散注意力的情況下，我們也可以完成一件任務。選擇性注意是我們集中注意力時，一個重要的部分能力，也是當今世界上難能可貴的特質。想像一下：某日你在辦公室使用電腦，兩位同事在聊天，而其他人正在使用印表機。此時，手機不斷提醒你收到了新的簡訊和郵件。要試著在這樣的環境下完成你的工作，重要的是集中注意力，不被周圍的噪音打擾。這就是選擇性注意，也就是側翼任務想要衡量的東西。

值得注意的是，側翼任務也說明運動可能影響了人們的選擇性注意和注意力。在受試者參與實驗的同時，也接受了體能測試。結果顯示，身體健康的受試者在側翼任務中的表現更好（即有更好的選擇性注意力）。不只如此。在實驗中，他們的大腦也經過MRI檢查，並且發現較健康的受試者，其顱骨中間的頂葉和額葉區域更爲活躍。也就是說，他們大腦中與注意力有關的區域，活動程度更高。

儘管如此，我們知道的還是不夠多。因爲我們還不能確定，選擇性注意力的好壞，是否由健康狀況決定。也有可能是因爲那些注意力更強的人，往往更喜歡運動，因此更加健壯。所以，下一步就是看看新的受試者，在讓他們變得健壯的同時，他們的選擇性注意力是否會有所改善。

受試者們被分成兩組：一組每週在跑步機上走三次，每次四十五分鐘（步行組）；另一組也每週運動三次，只是運動內容是運動量較少的伸展運動（伸展組）。兩組的運動頻率和時間都相同，區別只有一個：伸展組的心率不會在運動中加快。六個月後，再看看兩組在側翼任務中的成績是否有所改善，測試結果是否存在明顯的差異。

果然，結果差距很大！步行組的受試者不僅表現出更好的選擇性注意力，測試的結果也更好，負責選擇性注意力的額葉和頂葉活動也發生變化。這個效果只有在步行組受試者身上觀察到。即使是散步六個月這樣輕鬆簡單的運動，也能提高選擇性注意力，而且對大腦產生可觀測出的影響。

爲什麼會這樣？一個可能的解釋是，走路也許增加了額葉腦細胞之間的聯繫，讓大腦在智力負載變高的情況下，募集更多思考能力。就像開車時切換成高速檔一樣，大腦會利用額外的「聚焦裝置」，在周圍有很多干擾的情況下保持正常運行，讓我們更善於過濾不重要的東西。有關運動產生的效果，這項研究的主持人解釋得再清楚不過：「運動讓我們獲得一個效能更高、可塑性更大、更容易適應的大腦。」

但運動怎麼取得這種成果？以及如何運動才能提升注意力？在這次的實驗裡，受試者採用的是步行，那麼跑步、騎自行車或游泳是否能達到更好的效果？得運動多久才能見效？答案就在這些研究中。它們顯示運動如何影響特定能力，其中便包括集中注意力這一項。

接下來我要介紹一個在過去幾年間如雨後春筍般冒出的症狀，我們或多或少能在自己身上看到這種病症的跡象：注意力不足過動症（attention deficit hyperactivity disorder，ADHD）。

ADHD大流行

搜尋ADHD這四個字母，能找到八千多萬筆結果，儼然已成爲我們這個時代關注和討論最多的醫學問題。同時，它也成了補充診斷標準最多的一種病症。《時代雜誌》在千禧年之交警告大眾，當今太多孩子依靠藥物治療ADHD。他們也同時提出一個具爭議性的問題：「我們是否在毒害自己的孩子？」當時，全美有四至五%的兒童和青少年被診斷患有ADHD；直至二〇一五年，比例應該是一二%（超過六百萬名兒童），其增長的速度簡直如爆炸一般猛烈，甚至有一段時間，治療ADHD的藥物在美國一藥難求。市場的需求過大，製藥公司無法保證相應的生產量。

人人都有ADHD？

醫師常常從三方面推測人們是否患有ADHD：注意力、衝動行爲和過度活躍。

就像課堂上從來坐不住的男孩，總是像彈珠一樣跳起來；除了老師在黑板上寫的東西之外，對一切事物都很好奇；總是衝動行事。毫無疑問的是，他的注意力不集中、很衝動、過分活躍，這些與ADHD的診斷標準一一相對應。

是否有類似症狀，就代表患有ADHD？我們也常有難以集中注意力的時候，但這並不表示我們都有ADHD。注意力的集中會受到如睡眠、壓力、時間以及所處環境等不同因素的影響，也會在很長一段時間之後發生變化，衝動和多動更是如此。因此，我們該怎麼區分平凡無奇的注意力不集中和ADHD呢？

ADHD無法透過血檢或X光片診斷。醫師往往將一系列症狀當做診斷標準，如果沒有表現出這些症狀，就算你有注意力難以集中、衝動難以控制和過度活躍等問題，日常生活也受到嚴重影響，仍不會被診斷爲ADHD患者。不能在學校好好表現這一點，不足以做爲診斷標準，因爲這可能是學校的學習環境不佳。與ADHD有關的問題應該在家庭、學校或工作場所都很明顯，而其所帶來的生活、學習問題，在兒童早期就顯而易見。ADHD並不是一個時而出現、時而消失的問題，而是終生的。

要被診斷爲ＡＤＨＤ患者，你得在注意力集中和衝動控制方面出現嚴重問題。這到底該怎麼解釋？如果你難以集中注意力，卻仍能從大學畢業，是否就表明你沒有ＡＤＨＤ？我要再次聲明：這些有關ＡＤＨＤ的問題並沒有單一確切的答案，其診斷與許多其他醫學診斷不同，是一個巨大的灰色地帶。

不妨以ＡＤＨＤ和人類免疫缺乏病毒（human immunodeficiency virus，HIV，又稱愛滋病毒）的診斷方法進行比較。我們不可能說某人「只受到一點點ＨＩＶ病毒感染」，因爲你要嘛有感染，要不然就是沒感染；但我們卻可以說一個人「可能有點ＡＤＨＤ」。

ＡＤＨＤ的診斷不是那麼黑白分明，其標準也因人而異，也沒有明確界限。人人都在ＡＤＨＤ光譜內的某個位置上，或多或少有著不同症狀，而且有人的症狀比其他人更明確。

獎勵系統是大腦的引擎

請記住，我們許多人所面臨的問題都包含在ＡＤＨＤ之中。治療時，最好考慮藥物以外的方法。於是，我們再次回到「運動」這個議題上。即便是單純只有注意力不集中問題的人，也能因此獲益。

運動和注意力之間的聯繫，始於大腦裡一個令人意想不到的區域。這也是吃美味的食物、與朋友交往或在工作中得到肯定時，讓你感覺到愉悅的區域：大腦獎勵系統。

這個系統非常強大，它就像是個引擎，能推動我們進行某種行爲。大腦有幾個與獎勵有關的重要區域，但是當我們說「獎勵中樞」時，通常是指依核——一個大小如豌豆般，連接到大腦許多其他區域的腦細胞群。這裡是你感受到「獎賞（快樂感覺）」的地方，而依核驅使著你去爭取。

大腦裡有幾種物質稱爲神經傳導物質，可以做爲腦細胞之間傳遞資訊的信差，其中以「多巴胺」最爲人所知。某些行爲（例如品嘗美食、與他人來往，活動身體、性愛）能提升依核中的多巴胺濃度，帶來一種積極的感覺，而因爲大腦正在推動你去做這些事情，所以你會想不斷重複這些行爲。

爲什麼你的大腦想讓你吃東西、與人交往、鍛鍊身體和性交？答案很簡單：從演化的角度來看，這些行爲都能增加生存的機會，並確保將你的基因傳遞給下一代。若生命中有種純粹的生物驅動力，那就是活下去和傳播基因（也就是生孩子），大腦也在演化中把它們當成指引方向的北極星：你需要食物才能生存；對於人類等群居動物來說，與他人來往對生存至關重要；性生活增加了透過生殖傳遞基因的可能性。

那麼，爲何運動能讓你感到愉悅？也許是因爲我們的祖先需要經常奔跑（例如打獵或尋找新的居住地），而這些行爲增加了生存的可能，大腦也相應地將這些活動設置成值得獎勵的行爲。不像我們現代人，祖先們可不是爲了消遣和健身而跑步，而是爲了增加生存的機率。這就是爲什麼跑步對於現代人來說是有益的。

獎勵機制帶來注意力

你做了正確的事情後，大腦的依核透過提供愉悅的心情，驅動你去做任何能提高生存和傳播基因機率的事情。其實大腦的獎勵系統不僅讓你在內心感受到暖流，也是注意力的核心。

依核並不是一直都處於關閉狀態，並不是只有在吃到美食、享受性生活或發現自己中了彩券時才發揮作用。它其實一直都在工作，爲大腦傳遞「該做哪件事情」「要不要繼續做這件事」之類的回饋。比如你在看電視時，如果依核沒有從電視節目中得到足夠刺激（例如多巴胺的濃度沒有升高太多），你的注意力就會不集中，而改去尋找能產生高濃度多巴胺的事情，比如滑手機。你如果一直找不到可以專注的事情，不停地從周圍尋找更有意思的事情，就會進入坐立不安和注意力分散的狀態。

我們現在已經知道，大腦的獎勵機制似乎因人而異。有些人的獎勵系統在出生時就運轉得很好，另一些人則不然。許多事實表明，難以集中注意力的人，也會有一個運轉得不甚流暢的獎勵系統。對普通人來說，提升一定濃度的多巴胺也許已經夠了，對這一類人來說卻仍然不足。他們的獎勵系統需要更多的刺激才能變得活躍，但這樣會帶來很嚴重的後果。

一個沒有充分被啓動的獎勵系統，將引導人們不斷改變關注的事情，並繼續尋找能帶來更大刺激的東西。他們會選擇那些最刺激、最直接的愉悅之事，並忽略實際上對他們長期有利的事情；他們很難建立和遵循長期目標，並容易被大大小小的干擾所打斷。他們會變得粗心、衝動，並在某些情況下變得過動。

很多無法集中注意力的人，確實會運用多種手段來應對這樣的情況，比如規畫好每天要做的事情並按部就班執行。當注意力開始波動時，那些計畫就成了分心的緩衝器。

已有研究顯示，對難以集中注意力的人（比如ＡＤＨＤ患者）來說，他們的依核即使在常人看來可以引發獎勵機制的情況下，也不怎麼活躍。這類人似乎需要更多刺激，才能啓動自己的獎勵中樞。

獎勵中樞的接收器太少

我們現在已經從分子的層次上，開始理解爲什麼不同人的獎勵中樞存在差異。爲了讓多巴胺在獎勵中樞發揮作用，並讓你感覺良好，它必須能夠結合到腦細胞表面的受體上，並在腦細胞中引發反應，才能讓你感到愉悅。但是，如果沒有受體與多巴胺結合，獎勵機制則不會發生。有趣的是，似乎在ADHD患者的獎勵中樞裡，多巴胺的受體比較少。這意味著他們的獎勵系統不能好好工作，並且需要更強的刺激才能做出反應。

也就是說，有些人的大腦從一開始就需要更多的刺激來啓動獎勵中樞。那些能讓正常人的獎勵中樞得到滿足並集中注意力的事物（比如工作任務、電視連續劇或老師在黑板上寫的內容），對ADHD患者來說是不夠的。他們會覺得無聊，並在潛意識裡試圖以其他方式尋找進一步的刺激，並在此過程中放棄集中注意力。對他們來說，在工作或聽課時集中精神變成不可能的任務。

每個人都在ADHD症狀光譜內的某個位置上。我們或許沒有一個正常工作的獎勵機制，但它也不是完全沒用。多數人會發現自己的這個機制不是很好，但也不會太壞。

世界錯誤決策冠軍

「如果有失敗者評比，我很可能會因為自己做出的錯誤決定而被加冕為世界冠軍。我一直選擇當下看似對我來說很有用，但是長期看來後果很糟糕的事情。我永遠無法好好坐在教室裡，只能被安排到特殊的班級。在那裡，每個人都和我一樣。十三歲時，我的成績很糟糕，不僅和一群壞人混在一起，還嘗試了吸毒。而我很快就發現，能讓別人興奮的安非他命，對我來說卻沒什麼用。

「吸毒和做這些冒險的事終究引發了災難，而且隨著吸毒成本不斷提高，我犯的罪越來越多，最後被關進監獄裡。

「當我把自己的故事告訴獄醫時，他診斷我患有ADHD。服用藥物後，我突然可以集中注意力，人生也變得更加清晰。我終於可以好好做事了，好好生活和結交朋友變得更加容易，也可以感覺自己活在當下，而不是總覺得自己時不時就分心，好像離開這裡到別處去一樣。」

我聽過數百名患者的描述，這位四十四歲男子便有著非常典型的故事。他們每個人都缺乏注意力和抑制衝動的能力，但只有一小部分人最後成了癮君子和罪犯。令人驚訝的是，這名男子看來訓練有素，身體非常健康。他的生活除了那些自我毀滅的行為外，就是健身。因為他讓自己精疲力竭之後，會感到非常安穩。他說：「（運動之後）我跟很多人一樣，可以好好聽別人講話而不分心。現在我意識到，在我的人生裡，運動就像是治療ADHD的藥物。」

意識和注意力

大腦最神祕的地方就是，顱骨下這個只有一公斤多的細胞結構居然有意識。或許這同時也是所有科學奧祕所在。

它是如何塑造你的呢？人們一向認爲，科學家試圖了解意識的做法有些虛無縹緲，有點像試圖去尋找生命的意義。但現在的科學研究，仍舊對意識不太了解。

最近的醫學發現，爲我們提供了一套全新的工具來研究意識。這不僅是神經學家感興趣的研究主題，就連物理學家、心理學家和哲學家們，也正在盡力弄清楚這些自己生成的細胞，爲何可以意識到自己的存在？怎麼能理解自己是如何被造出來的？又如何理解自己在宇宙的時間和空間裡占據了什麼樣的位置？

這項研究將把我們引向何方？我們的意識在哪裡？簡單來說：我們不知道。我們甚至仍舊不知道意識是什麼。歷史上一些偉大的思想家提出了一些想法。例如，柏拉圖不相信我們的平凡之軀會創造意識；多才多藝的達文西則認爲意識最有可能與大腦相連，但位於其充滿液體的空腔（腦室）中；哲學家笛卡兒覺得意識位於松果體，是大腦中分泌褪黑素、調節睡眠和甦醒的小腺體。

雖然沒有對這些前輩不敬的意思，但是現代神經學研究顯示，上述這些看似高深的想法都是錯誤的。現在沒有人會質疑「我們的意識實際上產生於大腦中，而且並非來自某個單一位置」的說法。我們的嗅覺、視覺和聽覺都有特定的中樞，但沒有一個獨立的意識中樞。不過，大腦皮質中有許多區域似乎都組合在一起，並以先進網絡的形式合作。

事實上，意識是額葉、顳葉以及感覺印象中樞（如視覺、聽覺中樞）之間合作的結果。

視丘是大腦的一部分，它在大腦中的位置就像自行車車輪上的輪軸一樣，是個連接點，輪輻則由輪軸向外延伸。這生動地說明了資訊從大腦的不同區域（如感覺印象中樞）進入視丘，然後再透過複雜的網絡傳遞到其他區域。正是在這個網絡中，我們的意識體驗得以形成。

這與集中注意力有什麼關係？當然有，意識不僅從哲學和科學的角度來看極其迷人，也與我們的注意力和焦點息息相關。

你的大腦充滿無窮活力，來自不同領域的資訊都在你的意識中爭奪一席之地。你的意識可以感受到雙手和雙腳擺放在什麼位置、房間溫暖或寒冷、身體某個位置疼痛、正在看到和聽到的事物（可能正是書中這句話），或是一輛汽車在街上鳴了喇叭。你的意識會依次感受著一切，並讓你的大腦選擇哪些需要關注（我當然希望你的意識選擇了本書內容），哪些不需要。

多巴胺打開靜音鍵

假設你在一間咖啡店，正在閱讀一本書。首先，你會隱約意識到人們在低語，但這種聲音會在腦海裡慢慢消退，你可以專注於正在閱讀的內容。即使不再注意聽別人的聲音，你的大腦仍然記錄著他們說的話。如果咖啡店裡有人說出你的名字，即使沒有主動去聽，你也可能會做出反應。你大腦的某部分一定還在聽，只是你沒有意識到，但你的注意力會轉往發出聲音的那個方向。

顯然，這一切都是自動發生的。大腦有驚人的能力，可以處理大量的資訊，而且毋須我們參與其中、發出警報，或集中注意力在眼前重要的事情上。

我們需要多巴胺讓感覺中樞躲避噪音的轟炸，並將注意力引向我們正在做的事情上。多巴胺除了提供獎勵，還有許多其他作用，對注意力的集中也很重要。缺少多巴胺會讓我們難以集中注意力、焦慮不安，並因各種嘈雜而分心。我們常有這樣的經歷：感到不安、空虛、提心吊膽。尤其在睡得不好，或前一晚喝過酒時特別容易出現這種狀況。

奇怪的是，腦海裡還有另一種內在的噪音，但並非源自於感覺中樞。這個聲音大家都聽過，但這並非意味著我們瘋了，而可能是因腦細胞自發活化所引起的。其實這種情形持續發生，只是你可能沒注意到，因爲多巴胺會把它剔除掉。可是，如果缺乏良好的多巴胺掌控機制，這些內在噪音就會像外界的一樣變得很煩人。神經測試顯示，ADHD患者能聽到更強烈的內在噪音，並干擾他們集中精神且損害注意力。內在噪音越大，注意力就越難集中。

有趣的是，如果多巴胺濃度增加，發自內在的噪音就會停止。感覺中樞的噪音（例如咖啡廳裡的嘈雜聲）以及內在的噪音都停止，就像沒有接收到電臺信號時，收音機傳出靜電干擾的聲音。多巴胺不僅降低了音量，更靜止斷斷作響的噪音。沒了干擾，人也就更容易集中注意力。

提高注意力的天然藥物

多巴胺濃度過低或不正常分泌會導致噪音的產生，也因此無法啓動多巴胺系統，使人難以集中注意力。要加以治療，就是要透過人工干預，穩定提高多巴胺濃度。其實多數治療ADHD的藥物，其背後機制就是如此。經過治療後，許多患者聲稱整個世界都更清楚、乾淨，這可能是因爲他們大腦內外部的雜訊均已消失。

然而，並非每個服用藥物的人都會遇到這種情況，也不是每個人都想吃藥。再加上有人只是偶爾難以集中注意力，沒有服藥的必要。那麼，有沒有在不依賴藥物的情況下提高多巴胺濃度的方法？有的，那就是——活動你的身體。

或許運動有助於集中注意力最重要的原因在於：運動能增加多巴胺的濃度，並且調整注意力和獎勵機制（不管你是否患有ADHD）。如今，我們知道多巴胺的濃度會在運動後幾分鐘內迅速上升，並維持高濃度狀態長達好幾個小時。因此你在運動後會變得敏銳、專注和冷靜。不僅感覺更好，而且更容易集中注意力，所有嘈雜的噪音也都靜了下來。

似乎運動越劇烈，多巴胺濃度也會上升得越顯著。因此，從提升多巴胺的角度來看，跑步比散步要好。這也是爲什麼如果第一次跑步或騎自行車後，就算你沒有立即感受到注意力有所改善，也不應該就此放棄，因爲大腦似乎會增加越來越多的多巴胺，所以跑步和騎自行車的頻率越高，多巴胺的獎勵也就越豐富。這意味著，你每完成一次運動都會感覺更好，因爲多巴胺也會影響你的幸福感，讓你變得更專注。

換句話說，運動是改善注意力的特效藥，而且沒有任何副作用。此外，隨著堅持運動越久，效果也會越來越好。

大腦的老闆

多巴胺對位於額骨後方的大腦額葉有很多重要影響。特別是前額葉皮質，正是大腦做決策的部位。它不僅是大腦的老闆，也是大腦最發達的區域。在這裡，大腦向著長期目標奮鬥，而不是靠衝動指引。我們的高級認知功能也是如此，這些功能包括抽象、數學和邏輯思考等，將我們與其他動物區別開來。

額葉也是控制我們集中注意力的主要區域。簡而言之，我們的大腦深處會產生很多波動，但額葉會抑制這種騷動，並像篩檢程式一樣消除噪音，使我們能夠集中精神。

等待獎勵到來的耐心

額葉在我們的生活方式中扮演著關鍵角色。在一九七〇年代，心理學教授沃爾特·米歇爾發現兒童等待獎賞的耐心（主要存在於額葉中的功能），可以預告他們未來的性格。米歇爾透過觀察四歲孩子會選擇立刻享用一顆棉花糖，還是等二十分鐘享用兩顆棉花糖，來進行延遲享樂的實驗。他發現，多數孩子難以抵擋棉花糖的誘惑，只能在吃零食之前等待兩、三分鐘。有些孩子可以多等一點時間，但有些孩子卻可以堅持整整二十分鐘，以得到兩顆棉花糖的獎勵。

米歇爾追蹤這些孩子數十年，指出那些可以耐心等待獎勵的人，平均而言成績更好、教育水準更高。這些人也比較不容易出現酗酒、吸毒和肥胖等問題，更能好好處理壓力。人們的額葉功能好壞，在生命早期就可以被觀察到，並且影響終生。

對於四歲的孩子來說，要控制吃糖的衝動需要嚴格的自律（對成人來說也是如此），這是一種與集中注意力相關的能力。一些孩子能在考試中脫穎而出的重要原因之一，就是因為他們可以更集中注意力，從而在未來得到獎勵。在這個實驗的影像中，可以發現有些孩子因為過於緊張，所以瘋狂踢面前的椅子來分散注意力。但詢問那些可以耐心等待獎勵的人如何做到時，許多人回答說，他們認為自己很快就會得到兩顆棉花糖的獎勵。

這種注意力的集中和延遲享樂的功能就是執行力，也被稱為「認知控制」，是沃爾特·米歇爾所謂的「冷卻系統」一部分。諾貝爾經濟學獎得主丹尼爾·康納曼稱其為「系統二號」，這是大腦一個更緩慢、更深思熟慮的系統。歷史上其他科學家和作家也替這個系統取了不同的名字，但基本上都是指同一個東西：起源於額葉和前額葉皮質中，能控制衝動的高等思考系統。當身體在活動時，這是一個能從很多方面得以強化的系統。

控制你的大腦，而不是被操控

正如第二章提到的，額葉是最能藉由運動大幅度增強的大腦區域之一。對經常運動的人而言，額葉可以因此與大腦其他部位相連接。這對於影響和控制大腦其他部分的能力至關重要。經常運動的人，額葉中的血管也會因此增生，加速供血和清除代謝廢物。這個透過走路或跑步來增強額葉的過程，具有很強大的效果，卻不是立即的。只在跑道上跑一圈，是不會注意到任何變化的。要經過幾個月的規律訓練，才能觀察到改變。

由於額葉具有可變性和可塑性，棉花糖實驗之父沃爾特・米歇爾謹慎地強調，這項測試並不表示那些無法抗拒誘惑的人，在未來註定會遇到困難。你也可以透過練習抵制誘惑，運動也許是其中一個非常重要的部分。不是你的大腦控制你，而是你透過行動來掌控自己的大腦。如果你想做最好的自己，請堅持運動。

ADHD孩童需要運動和娛樂

你如果知道額葉和多巴胺對集中注意力有多重要，以及運動怎麼影響整個過程，就應該已經意識到，至少從理論上來說，透過運動來治療ＡＤＨＤ是可行的方法。但理論和現實總不能完美結合在一起，那麼這些研究能告訴我們什麼？是運動能有效集中注意力，甚至完全用以治療ＡＤＨＤ嗎？

一組科學家想透過測試十七名孩子，來尋找這個問題的答案。這些孩子都異常活躍，有罹患ADHD的可能。經過八週的實驗課程，這些孩子很享受每天上課前和下課後的額外體育活動。目標運動量是以讓孩子們感到呼吸急促和心率加快爲標準。八週後，孩子們被安排接受一系列的測試，檢測他們的注意力和人際交往能力。同時，研究人員也詢問這些孩子的家長和老師們，是否觀察到孩子們的進步。

這些活動發揮功效了嗎？是的。父母、教師、研究人員和指導老師的回饋指出，有超過三分之二的孩子變得更專心了。運動的效果在稱爲「反應抑制能力」方面特別顯著，顯示出每次衝動時都能抑制自己的行動。這對於有ADHD的孩童往往是非常困難的一件事。儘管實驗取得了鼓舞人心的成果，但這只是一項非常小的研究。

因此，科學家針對兩百多名兒童進行了相同測試。據估計，有半數受試者被認爲很可能患有ADHD。在十二週的課程中，孩子們每天玩半個小時，好讓心跳加快（遊戲組）。對照組的孩子們則進行較爲安靜的活動，如塡色和畫畫。

這次科學家決定不採用一系列的心理測試，只簡單詢問每天與孩子接觸的父母和老師觀察到什麼變化，並請他們針對孩子注意的事物、過度活躍的程度、注意力和人際交往等方面的變化進行判斷。結果，活動組的孩子不僅注意力有所提升，情緒波動和發脾氣的情況也較少。這種變化在家裡比在學校明顯。雖然所有遊戲組的孩子都被觀察到相應的變化，但那些被認為患有ADHD的孩子，表現出來的變化更大。

運動不僅是燃燒多餘的能量

在測試中，受試者規律地運動了幾個月，但運動對注意力的影響卻在很短的時間就可以表現出來——運動五分鐘後，小孩的注意力就有所提升，ADHD的症狀也會減輕！也許你覺得他們平靜下來，是因為運動讓他們消耗了多餘的能量，但事實並沒有那麼簡單。運動對注意力的直接影響，遠比透過運動消耗精力大得多。

每個人的注意力都更集中了

目前為止，在我介紹的每個實驗裡，ADHD孩童的注意力都因運動而提高了。但是對於我們其他人呢？沒有ADHD的成年人也可以透過運動集中注意力嗎？絕對可以！

有項實驗以兩百對十七歲的同卵雙胞胎為主，其結果便提供了生動的證據。

爲了衡量雙胞胎的日常注意力，科學家讓他們的父母在十四個不同項目上替雙胞胎們評分，包括注意力、多動和衝動。三年後，當雙胞胎二十歲時，父母再次評分，結果顯示多數雙胞胎都在這段時間內提升了注意力。然而，有一部分受試者的成績比其他人更明顯。他們在空閒時間裡參加體育活動，而且運動越激烈，注意力提升的幅度也就越大。

即使在同一對雙胞胎中也是如此。一人經常運動，另一人不怎麼運動的情況下，前者的注意力比後者更好。這是生活方式的差異所導致的，而不是基因或環境。有趣的是，參與這項研究的受試者是二十歲且沒有ADHD的成年人；儘管都是健康的成年人，經常運動的人所表現的注意力、對衝動的控制能力，都還是比久坐的雙胞胎家人更好。這個變化是觀察一段時間後出現的結果，不是即刻產生的效果。畢竟，父母的兩次評分間隔了三年。

為什麼運動能改善注意力？

說眞的，爲什麼運動能改善注意力？我們可以回頭找答案，因爲這可能歸功於祖先們在非洲草原上的生活習慣。

他們持續運動的原因，跟驅使你我在跑步機上狂奔的原因並不相同。今天，多數人跑步是因爲這樣做讓我們感覺良好、更加健康，並且還能防止變胖。可是祖先們想的可不是這些。他們拔腿奔跑是爲了捕捉食物或躲避危險，而且不管是哪種情況，都需要他們集中注意力。當你身後有頭獅子，或者正準備抓一頭羚羊時，你可沒有任何犯錯的餘地。此時，敏銳的注意力是一種生存工具。只要大腦能捕捉到越多的注意點，你的生存機會也就越大。

我們的大腦自祖先們在非洲草原上生存以來，並沒有進化多少，所以同樣的機制也適用於今天。即便只是在活動身體，大腦也會認爲我們正在參與一項攸關生死的行動，需要全力以赴，因此進而提升了我們的注意力。

ＡＤＨＤ也能成爲優勢

一般通常認爲「注意力不集中」和「ＡＤＨＤ」是負面的。會這樣想並不奇怪，因爲這些症狀必然對人們造成困擾，否則不會被確診爲疾病。然而，衝動和多動等特質也可以轉化成爲一種優勢。許多人會坐立不安、奮發努力地快速完成一件事，是因爲他們沒有耐心等待。此外，許多成功的企業領導者和創業者，也都具備某些特質，讓人聯想到ＡＤＨＤ。

爲什麼ＡＤＨＤ可以是種正面的特質呢？肯亞北部沙漠的阿利爾族（Ariaal）是個很好的

例子。這個部落的成員直到今天都還在採用幾千年前的生活方式，透過遊牧尋找水和食物。然而，過去幾十年間，這個部落已經分裂成了好幾個族群。一個族群在某地定居，開始農耕生活；另一個則依然保持放牧、打獵的生活方式。

科學家們藉由血液測試檢查了不同族群的基因，特別是大腦裡和多巴胺有關的基因——多巴胺受體D4（dopamine receptor D4，DRD4）。它對注意力的集中至關重要，每個人身上都能找到。DRD4有一些亞型，其中一種在ADHD患者中出現率較高。儘管ADHD不是單個基因造成的，DRD4也不是ADHD的罪魁禍首，但它仍然是和ADHD有關的最重要單基因之一。

檢測結果顯示這個部落中，某些人攜帶和ADHD有關的「DRD4基因」（這個名詞有點抽象，我將在後文簡稱為「多動基因」），其他人的DRD4中則攜帶和ADHD無關的亞型。令人驚訝的是，比起攜帶其他亞型的遊牧部落，攜帶多動基因的同族人營養狀況更好。換句話說，攜帶多動基因的狩獵者比其他人更容易找到食物。這個情況在農耕部落中則出現相反的結果：攜帶多動基因的農耕者營養狀況反而更差。

因此，多動基因對於狩獵者是有利的，對於農耕者卻是有害的。這說明了對人們而言，同樣的基因可能在某個環境下是優勢，另一個環境下則成了劣勢。但是，我們不能指責基因，畢竟阿利爾族分裂成農耕和狩獵兩部分，也不過才幾十年的時間。不過，我們倒是可以從這些觀察中得出一個結論：與ADHD相關的特質（衝動和多動），對於狩獵者來說是個優勢，因爲他們需要在多變的環境中迅速做出決定。另一方面，農民沒有那麼迫切需要立即行動，因爲在他們的環境中，專注於遠期目標並耐心工作反而更重要。因此，在這種情況下，類似ADHD的特質可能會是個障礙。

完美的ADHD環境

對阿利爾族的獵人來說，ADHD基因似乎是有用的，而這也引發一些有趣的觀點。它讓我們相信，即使對我們的狩獵者祖先（大約一萬年前，農業尚未發展起來時，大部分的人都是狩獵者）來說，攜帶這種遺傳基因也是有利的。在一個需要爬山、捕獵，並根據食物的位置在不同地點之間轉移的環境中，不安和衝動可能意味著你有能力快速做出決定。對於有ADHD特質的人來說，這簡直就是完美環境。

人類其實多數時候都生活在這種環境下。因此，從這個角度來看，ADHD對於人類的發展是項福音。換個方向來想，如果衝動和過動只會造成麻煩，而不能提供任何優點，那麼我們現在應該也不會遇到那麼多患有ADHD的人，因爲這些特徵會被天擇淘汰。

有趣的是，ADHD基因不僅對狩獵者有利，在遊牧民族中似乎也很常見（這裡我並不是指經常換房子或換工作的「遊牧」，而是經常搬家的原始人）。這個基因似乎與搬家和探索新環境的欲望有關。換句話說，它是一種「探索者基因」。

人類起源於東非，並在過去的十萬年間逐漸在整個地球上繁衍生息。發現新的環境並尋找未知的景觀，是我們的天性，也對生存非常關鍵。我們可以假設，這個潛在的探索動力，很有可能就是來自現在看似患有ADHD的祖先們。

爲運動而生的大腦

阿利爾族並非唯一能說明「不同環境下，單個基因既可以是優點也能是缺點」的例子。我們的社會也是如此。有些特質在這社會引起麻煩，在另一個社會（或工作場合中）卻可能很受歡迎。問題在於，現在能適合ADHD特質的場合並不多，冒險和衝動也很少能獲得當今世界的認可。這些都是我們試圖避免，並強烈勸阻孩子們不能做的行爲。

換句話說，如果你是非洲草原上的狩獵者，那麼ADHD會是一種優勢。但是我們現在並不需要尋找糧食，走一趟雜貨店就能買到。有個促使我們去探索未知環境的基因，不是什麼大不了的事情，我們也不會因爲找到可以安頓下來的全新未知肥沃山谷，而得到任何回報，畢竟現在已經沒有新大陸需要我們去尋找了。但是，我們卻會因爲靜不下來受到懲罰。

ADHD所帶來的敏銳，能讓人們觀察到非洲草原上獵物的微小動作，增加捕獵成功的機率。然而，在學校的學生如果時常因爲周圍的微小聲音而分心，就無法專注於老師在黑板上所寫的東西，因而被懲罰。現代社會對於ADHD患者來說，是個巨大的挑戰。一度被認爲有幫助的東西，已經成了現代都市的禍害，更別說我們還試圖靠藥物來消滅它。

因此從演化的角度來看，純粹視ADHD爲負面因素反倒顯得有點在裝傻。我們也知道，除了藥物之外，還有其他方法可以解決ADHD引起的問題。其中一種就是改變你的生活方式，並嘗試朝著演化前的方向改變。我們不能回到非洲大草原，但可以在步道上跑一跑或去健身房動一動。只要這樣做，我們將能好好適應這個被迅速改變、對我們的認知能力提出超高要求的世界。

也許這就是爲什麼運動對患有ADHD的人來說，是具有許多好處的。對他們來說，能達到遠古時代對運動量的要求是非常重要的。

人人都有一個爲運動而生的大腦，但是患有ＡＤＨＤ的大腦特別需要運動！正如運動和體育訓練能幫助ＡＤＨＤ患者集中注意力，也可以幫助一般人找回偶爾走失的注意力。畢竟，人人都在ＡＤＨＤ光譜內的某個位置上。

正如你在本章中看到的那樣，注意力不集中並非單一事件所導致。每個人的依核（即獎勵中樞）校準功能不同，進而影響注意力集中的程度；大腦內部的雜訊可能因人而異；額葉在消除噪音、集中注意力的效果方面更是有好有壞。

換句話說，注意力的分散可能出於多種原因，而共同之處則是都會受到運動的影響。此外，一旦我們改變久坐的習慣，注意力就會有所提升。

運動讓你更集中

二〇〇三年前人類歷史上生成的數位資訊，現在只須兩天就能產出。我們每天淹沒在電腦和智慧手機的大量資料中，而且似乎在短期內仍不會放慢腳步。然而，我們的大腦（我們希望得以處理這些大量資訊的部位）在過去的幾千年來卻幾乎沒有任何變化。

所以，我們難以集中注意力且需要一些幫助來適應這種資訊流通，這並不令人意外。要解決問題，不需要看更多次病、吃更多藥，而是該好好審視一下自己的生活方式，看看可以做些什麼來集中注意力。

研究結果清楚表明，真正讓我們獲得額外「注意力」的事物是運動，而不是營養品或訓練認知能力的手機應用程式。運動使我們能好好適應一個離我們演化起點越來越遠的世界。正因如此，你應該看看運動對注意力的影響。

希望本章能使大家意識到，無論你是孩子還是成人，也無論你是否患有ＡＤＨＤ，良好的運動習慣都能幫助你提升注意力。

久坐摧毀你的思考力

你可能已經看過很多文章標題以「久坐是萬病之源」開頭。實際上，不運動還有更嚴重的後果：思考會變得更遲鈍。

美國科學家們追蹤調查了三二〇〇名美國年輕人長達二十五年。他們記錄這些年輕人運動和坐著看電視的時間。除此之外，還對年輕人們做了不同的心理測試，來衡量他們的記憶力、注意力和認知過程的速度（也就是思考的速度）。

結果顯示久坐的年輕人，注意力和記憶力都較差，思考的速度也比較慢，而且差異十分巨大。每天至少坐著看三小時電視的年輕人，最終的測試結果都很糟糕。看來，「電視傻瓜」一詞描述的很是準確又名副其實！

本書大部分的內容都是在介紹運動對大腦的「即時影響」，而在這個實驗裡，科學家們透過二十五年的研究觀察到「長期影響」。這說明了運動對我們的精神健康有多麼重要，就連長期來看也是很有效的。

久坐不僅讓你精神不集中、焦慮、憂鬱，還讓思考變得緩慢、認知功能受損。

快樂處方箋

改善注意力的妙方

- 能跑步就不要散步。運動程度越激烈，大腦便會釋放更多的多巴胺和去甲基腎上腺素。在理想情況下，你的心率應達到自身極限值的七〇%至七五%。如果你四十歲，每分鐘心率應不低於一三〇至一四〇次。如果你五十歲了，每分鐘心率應不低於一二五次。
- 要達到提升注意力的目標，你最好早上運動。在白天（或至少在中午前）運動，好讓效果早點產生。因爲藉由運動所提升的注意力，在幾小時後便會逐漸減弱。多數人需要在白天集中注意力，而不是在晚上。
- 如果可以的話，運動三十分鐘。實際上，你需要至少運動二十分鐘，但是多十分鐘，就能充分享受注意力集中的好處。
- 堅持下去！運動對注意力集中（以及緊張和身體健康）的影響，需要過一段時間才能顯現，所以不要放棄！要收穫這些回報，你必須要有耐心。

第四章

眞正的快樂藥丸

如果你心情不好，就去散個步。
如果你還是沒開心起來，那就再走一次。
——希波克拉底

幾年前，十一月的某天晚上，一位同事要我去急診看一名四十多歲的女士，並簡短地介紹了一下她的病史：「健康女性，過去二十四小時裡突然極度疲憊，常規檢查、電腦斷層掃描結果正常。是憂鬱症嗎？」

這名女士告訴我，她那天感到非常疲倦，深信自己感染了某種罕見疾病，並且不相信她的檢測結果都是正常的。她說：「你們肯定漏了什麼。」起初，當我問她最近的生活如何，她不明白我爲什麼要問這個，但解釋自己這一年來過得非常緊張。工作不開心，因爲不僅工作量增加了，任務也變得越來越不明確；她和丈夫也買了一幢房子，正在裝修。可以說於公於私，她都有很多事情在忙，但這些也不是新鮮事，因爲這對她來說很正常，而且從未影響她。

然而今年秋天，一切都變得不一樣了。她感到越來越疲憊、變得越來越退縮，也懶得聯絡朋友。她曾經很喜歡騎馬（曾一度參加馬術競技）和讀書，卻已經一年多沒有去過馬廄，也幾乎記不起上次翻開書是什麼時候。對她來說，生活中的緊張感也消失了，更難以長時間專心閱讀。

某天早上她醒來，卻很難從床上起身，就像無精打采導致癱瘓一樣，最後她丈夫把她帶來急診室。我的同事第一次見到她時，認為這可能是感染導致的，但血液化驗結果正常。病人的大腦電腦斷層掃描也完全沒問題，並沒有任何可疑之處。當我的同事建議與精神科醫生會面時，她猶豫了一下。畢竟，她所遭受的是身體上的病痛！而且，她從未有過精神問題。

結果，這位女性確實有憂鬱症，而非醫生疏忽了她的某個隱疾。意識到這一點後，她問我該如何治療。我說她應該稍微放慢一下工作的節奏，休息一段時間或減少工時，而且還可以試試吃藥。但她的母親曾服用過抗憂鬱藥物，並產生了不良的副作用，所以她不想服用任何藥物，對治療也相當猶豫不決。

還能試試什麼方法呢？我向她解釋，運動的療效與藥物治療相同，但每次至少得跑三十分鐘，每週最好跑三次。需要運動幾個星期才能生效，可是一旦出現效果，便能達到跟服用抗憂鬱藥相同的作用。

對她來說，每週跑步三次並不是一個可實行的目標，所以我們決定讓她定期散步。頭幾天，她每天只能比前一天多走十分鐘，但逐漸能走得更長、更快。三週後我在醫院再次見到她，雖然她仍然感覺疲憊，但至少有些精力能慢跑十五分鐘。

又過了幾個星期，我的這位病人增加了運動量。在她第一次到急診室的四個月後，她已經可以一週跑步三次，每次都跑接近一個小時了。她的健康出現了巨大的轉變！

她說自己不僅睡得更好，做什麼事情也都變得更俐落了。而且短期記憶力和注意力都有所提升，過去對瑣事的焦慮感也消失了，無論對工作還是家庭更不再過度緊張。她又開始騎馬，並重新與朋友們取得聯繫。此外，她也把在工作中遇到的問題都處理好，得到一直想要的工作指導方案。據她的家人表示——媽媽回來了！前後差異著實驚人！

讓她特別開心的是，這些問題都靠跑步就解決了。剛開始時確實需要下很大的工夫，但後來則變得容易許多。能取得這樣的成就，的確要歸功於她堅持運動，而這也爲她的自尊心帶來很大的幫助。

你是生病？太累？還是憂鬱症？

多數人都會在某種程度上感到低落和沮喪。然而，如果你的不開心一週又一週地持續，思考未來時也覺得很絕望，過去喜歡的活動更不再讓你滿足，這就是憂鬱症找上你了。

憂鬱症的症狀因人而異：有些人會疲憊不堪，以至於早上幾乎爬不起來；有些人則非常焦慮，導致晚上無法入睡；有些人食欲不振、體重下降；有些人則餓得很快，迅速發胖。憂鬱症有很多種類型，但它們的共同特點是：患者會承受巨大的痛苦。

現在幾乎人人都知道可以透過藥物來治療憂鬱症。雖然許多人已經意識到運動對身體健康有好處，但多數人還是不知道它有多大的影響力，不知道運動本身就是抗憂鬱藥物。它不僅沒有副作用，還對每個人都有效——無論你只是輕度憂鬱，或者被重度憂鬱症支配著。

靠運動擺脫憂鬱

要正確定義憂鬱症常是一個挑戰——很多人都會有段時間感到失落，但這並不是憂鬱症。

以下是用於診斷憂鬱症的九個標準：表現出憂鬱或易怒的情緒、對曾經很感興趣的事物失去興趣、晚上睡不好或睡太多、躁動不安或無法靜坐、疲勞和失去活力、感覺毫無價值或內疚、注意力不集中、暴瘦或暴肥、經常出現死亡或自殺的想法。

要被診斷爲憂鬱症患者，必須至少滿足五個標準。但是如果你只出現列表中的四個呢？你覺得自己完全沒有價值，一切努力似乎都是徒勞，不僅幾乎吃不下東西也睡不好。很明顯地，你的感覺並不好，但從臨床的角度來看，你卻沒有罹患憂鬱症。

這個例子說明了精神病學並非一門精確的科學，血檢或X光都不能判斷你是否有憂鬱症，基本上都是靠主觀經驗。精神醫學使用這些診斷標準，是因爲缺乏更好的方法，所以我們應將其視爲輔助手段，而不是絕對眞理。就像ADHD，憂鬱症也是一個很大的灰色地帶。

如果讓症狀不夠嚴重的人服用抗憂鬱藥物，那麼這種藥通常無法發揮效果。但運動就不一樣了。即使只是感覺不太好、並不會被診斷爲憂鬱症的人，也能藉由運動獲得療效。無論憂鬱的程度高低，運動都能使人感覺更好、讓消極想法逐漸消失、讓自尊得到提升。

當我告訴病人們，跑步和抗憂鬱藥物的療效相同時，多數人都會很驚訝，也很少有人聽過這個事實。我想知道，爲什麼如此多人不知道在抑制憂鬱症這方面，規律運動與藥品一樣有效。多數人似乎都覺得：「這要是眞的，大家一定早就知道了吧？」會有這種廣爲流傳的誤解，其背後的原因非常簡單——全都是因爲錢。

百憂解 vs. 運動

一九八七年十二月二十九日，美國最強大的政府機構——美國食品藥品監督管理局，決定批准銷售藥物氟西汀（Fluoxetine），使其成爲近二十年來美國國內第一種新型抗憂鬱藥物。即使這款藥品推出時，許多人仍然不相信憂鬱症具有生物根源或源於大腦，但它仍然取得巨大的成功。氟西汀以百憂解（Prozac）爲名上市銷售，沒過多久，它不僅成了世界上銷售範圍最廣的藥物之一，也成了有史以來最知名的品牌之一。

數以千計的文章和書籍應運而生，其中包括另類的回憶錄電影《憂鬱青春日記》（Prozac Nation）就是談這個新藥。饒舌歌手 Jay-Z 也以歌曲談過它。甚至連影集《黑道家族》裡的主角東尼·索波諾，也服用百憂解。

氟西汀屬於一種稱爲選擇性 5-羥色胺回收抑制劑（Selective Serotonin Reuptake Inhibitors, SSRI）的藥物。它可以抑制選擇性血清素（Serotonin，全稱血清張力素，又稱 5-羥色胺，簡稱爲 5-HT）的再吸收，從而增加腦細胞之間的活性 5-羥色胺數量。

在氟西汀上市後的短短幾年內，幾種類似的藥物也在市場上發售，並取得巨大的成功。全世界有數百萬人都在服用。但是，隨著銷售量的迅速增長，人們開始觀察到，這類藥品對大約三分之一的病患是無效的，對另外三分之一的病患效果也有限（儘管感覺更好，但仍然很沮喪），許多用藥者更產生了如睡眠障礙、口乾、噁心和性欲低下等副作用。

儘管有些副作用只是暫時的，但用藥者們仍然對這些副作用感到不滿，因此在藥品眞正發揮藥效前就停止用藥。

醫師、科學家，尤其是那些患有憂鬱症的人，開始懷疑是否還有其他不涉及藥物的治療方案。不意外地，他們開始考察運動對憂鬱症的療效。早在一九〇五年，《美國精神病學雜誌》發表了一篇論文，探討運動與感覺之間的關連。

而在一九八〇年底，開始系統性比較運動和藥物對憂鬱症的治療效果。目的是弄清楚運動能否提供與藥物相同的效果。當然，因爲這項研究無法勾起藥廠的任何商業興趣，所以是由醫學院贊助的。這就是爲什麼這些研究投入的資金，遠遠低於藥廠開發新藥時撒下的資金。

當美國心理學家詹姆斯·布魯門塔（James Blumenthal）找來一五六名患有憂鬱症的人，研究便出現突破性的進展。布魯門塔隨機將這一百多名受試者分成三組：一組服用處方上最常見的抗憂鬱藥物之一「樂復得」（Zoloft）、另一組每週運動三次且每次三十分鐘、最後一組既運動又吃藥。四個月後，該是檢查結果的時候了。大部分受試者感覺好多了，以至於他們不能再被視爲憂鬱症患者。

這個研究最重要的結果是，運動組中症狀改善的人數比例，和吃藥組是一樣的。換句話說，運動和抗憂鬱藥物在這個群體中療效相當。

長遠來看，運動更健康

儘管研究取得受人矚目的成果，布魯門塔也沒有停下追求眞相的腳步。他決定再追蹤受試者久一點，看看運動所帶來的正面效果是否能持續四個月以上。這其實也有點道理，因爲人們往往意識不到憂鬱症是慢性病，只會在脆弱時才表現出來。許多人通常都感覺良好，並相信一切會恢復正常，卻很容易再次陷入憂鬱症的泥沼。我們腳下的冰，比想像薄得多。

結果六個月後，檢查這三組受試者時，布魯門塔發現了有趣的結果。在這段時間裡，他們沒有把受試者分成不同小組，而是可以自行選擇想做的事。有些人選擇了運動、有些人選擇了治療課程，其他人則服用藥物。

誰表現得更好？那些選擇運動的人，似乎是憂鬱症最不可能復發的一群，因爲六個月內，復發比例只有一〇%至一二．五%。另一方面，服用藥物的人群中，復發率則高達三三%至三八%。因此，運動不僅在抵抗憂鬱症方面提供了與藥物治療相等的保護，還發揮了比藥物更強的作用。

研發一種抗憂鬱藥物需要花費數十億美元，但只要跑步就能達到和服用藥物同樣的療效。這聽起來太美妙了，甚至有些難以置信。

那麼，以運動克服憂鬱症的效果，從長遠來看是否會比藥物更好？是的，這正是此研究告訴我們的。這個驚人的研究結果，當然也被發表出來，但它是否得到與抗憂鬱藥物同等程度的關注？不，媒體曝光率非常不均。

抗憂鬱藥物花費數十億美元來宣傳。相比之下，宣傳「運動也同樣有效」又花了多少錢？很可能幾乎一毛錢都沒有。這是當然的，因爲這類消息無法帶來同樣的商業利潤。沒有人會像賣藥一樣，到處兜售運動這帖良藥。畢竟賣藥能賺很多錢，而且藥廠在市場行銷上的投入幾乎是沒有限制的。這就是爲什麼很多人不知道運動對於治療憂鬱症有著驚人的效果。

運動對你眞的很好

布魯門塔的研究結果並非獨一無二。最近，一些科學家決定集結有關運動治療憂鬱症的論文，並發現從一九八〇年代起，已經有幾百篇的相關文章闡述其療效。科學家們從中選出最好的三十篇。其中，有二十五篇說明運動可以防治憂鬱症。在這種情況下，能找出這麼多正面結論挺不容易的。看來，研究終於得出明確的結論——運動確實在治療憂鬱症方面有顯著效果。

要治療憂鬱症，跑步最有效。但是很多文獻指出，散步也是有效的預防方法。就算每天散步二、三十分鐘也能消除憂鬱症，讓人心情變好！

這些研究是爲了觀察運動能否治療憂鬱症，並不是要發現病因。想挖出病源，得看看那些大腦用來控制我們的物質：多巴胺、血清素和去甲基腎上腺素。

大腦不是一碗化學湯

多巴胺、血清素和去甲基腎上腺素是腦細胞間傳遞信號的物質，用科學術語來說，它們叫做神經傳導物質，能影響我們的感覺。

這三種神經傳導物質的缺乏與憂鬱症有關，因此許多抗憂鬱藥物都透過增加它們的濃度來發揮作用。SSRI是世界上最常見的抗憂鬱藥物類型，顧名思義，它會提高血清素的濃度。此外，還有提高多巴胺和去甲基腎上腺素濃度的藥物。

多巴胺、血清素和去甲基腎上腺素不僅讓你感到沮喪或不沮喪，對你的人格構成和認知能力也很重要，比如注意力、積極性和決策力。

血清素具有抑制作用，可以鎮定過度活躍的腦細胞、抑制整個大腦的活動，來減少擔憂和焦慮。基本上，血清素創造了冷靜、和諧以及內在力量的感覺。缺乏血清素會讓你感到躁狂和焦慮。

去甲基腎上腺素則會影響你的警覺性、注意力和專注度。低濃度的去甲基腎上腺素會使你感到疲倦和沮喪，反之則讓你感覺頭暈、過度活躍，無法靜下來。

多巴胺是大腦獎勵系統的核心，會影響你的積極性和意志力。美食、社交和性交都會提高多巴胺濃度，反過來讓你想要得到更多。社群媒體上的每一個「讚」都會刺激多巴胺的釋放，讓你想一次又一次打開手機，看看自己是否得到更多的「讚」。所有成癮藥物，如安非他命、可卡因和尼古丁都會升高多巴胺的濃度。多巴胺對注意力和決策也非常重要——這點你在〈讓注意力更集中〉一章中已經讀過了。

「所有憂鬱症患者都缺乏血清素、去甲基腎上腺素、多巴胺，只要用藥物替代缺失的神經傳導物質就行。」要是能簡單得出這樣的結論就太好了。可惜，如果把大腦想像成一碗包含血清素、去甲基腎上腺素和多巴胺的「化學湯」，只要缺了一種物質就會得憂鬱症，這樣未免也太簡單了。因爲我們並沒有辦法確定一位憂鬱症患者缺少的到底是哪一種。

原因之一是，這些物質在大腦相互連接成一個龐大的系統，它們不僅相互影響，還擴及整個系統，對我們的健康至關重要。這個系統非常複雜，而我們離充分了解它，還有很長的路要走。因此，我們應該將大腦看成一個高級網絡，各部分之間相互影響，而不是一碗盛著各種不明材料的湯。

儘管機制如此複雜，我們還是不能否認這三種神經傳導物質，在影響情緒方面具備重要的作用，而藥物和運動都可以增加它們的濃度。一般在運動數小時之內，就能感知到其效果。如果你規律運動，這些物質的濃度可以隨著時間升高，而且不僅限於剛運動之後，還包括那之後的二十四小時內。

運動可以像抗憂鬱藥物一樣，提升體內的血清素、去甲基腎上腺素或多巴胺的濃度。

藥物的確有效

在這裡需要強調的是，抗憂鬱藥物確實是有效的。它們已經拯救和治癒了數以百萬計的人。任何罹患憂鬱症的人，都可以考慮吃藥和尋求專業醫師幫助。

這本書並不是要讓患者選擇吃藥或者運動，也不建議因跑步和騎車可以治療憂鬱症而停止用藥。最好的治療方法是結合兩者，這樣能使功效最大化。

對那些覺得吃藥沒效果的人來說，運動是個很好的替代方法。

運動也可以替「服藥後產生強烈不良反應」的患者，提供一個不同的選擇。

我想要重申的是，這本書並沒有譴責抗憂鬱藥物，而是說明運動對大腦的作用。

我自己也擔心，尤其是對於那些覺得吃藥特別有效的人來說，運動能否和藥物產生同樣的效果。但是，因為我覺得運動的作用還是被低估了，所以我才會寫這本書。

大腦裡的神奇物質

有一個和抗憂鬱藥物有關的巨大謎團：患者服藥後，血清素和多巴胺的濃度會立即升高，但是患者的感受並不會立刻變好。多巴胺和血清素濃度升高得很快，但是得花幾個星期才能出現抗憂鬱的效果。因此，抗憂鬱藥物一般需要幾個星期才能完全控制憂鬱症（和運動需要的時間一樣）。

如果血清素和多巴胺對於情緒那麼重要，我們應該很快就會發現效果才對，然而事實卻並非如此。也許這兩種物質的增加（不管是吃藥還是運動），只是大腦中的初步反應。想要見效，說到底還是要靠「別的物質」。但那會是什麼呢？在神經研究中，越來越多科學家開始注意到一種所謂的大腦神奇物質——腦源性神經營養因子（Brain-Derived Neurotrophic Factor，BDNF）。

BDNF是在大腦皮質（大腦外層）和海馬迴中製造的一種蛋白質。將某種東西稱爲「奇蹟」時，必須小心謹慎，特別在醫學研究中更是如此。不過，鑒於BDNF對大腦的正面影響，這種稱號是實至名歸的。

腦細胞在接收ＢＤＮＦ時，會獲得保護以免受到其他物質的傷害和破壞。腦細胞如果面臨缺氧、低血糖、受到自由基或其他有毒物質的攻擊，就會受損或死亡；但是，它們如果先接收了ＢＤＮＦ，就獲得了防禦力。如果經歷了如中風或外傷等腦損傷，大腦就會迸發ＢＤＮＦ（可能是爲了拯救自己）。

ＢＤＮＦ對於大腦來說就像是救援小組，可以抵禦損傷、保護腦細胞，就像白血球可以釋放抗體來幫助身體對抗感染，或像血小板可以封堵住傷口來對抗創傷一樣。

除此之外，它還會監控新的腦細胞形成，幫助這些新生細胞於相對脆弱的早期階段存活下來；可以增強腦細胞之間的連接，這對提升學習能力和記憶非常重要；還可以讓大腦的可塑性變強，減緩腦細胞的衰老過程。

ＢＤＮＦ帶來的好處太多，多到讓人難以相信。簡單來說，它就是大腦的自然肥料，對孩子、成年人和老年人的大腦健康都很重要。

不過，這和憂鬱症有什麼關係呢？因爲研究者們已經在自殺者的大腦中，觀察到憂鬱症患者的ＢＤＮＦ濃度較低。如果憂鬱症患者接受治療，其濃度就會升高。但這還不是ＢＤＮＦ的全部功能。它既和憂鬱症有關，也涉及了人格特質，像是較神經質者的大腦裡，

ＢＤＮＦ濃度就普遍比較低！

增加腦部營養濃度

現在的問題是：我們如何能夠擁有更多ＢＤＮＦ？可以用吃的嗎？可惜不行，因爲它會遭到胃酸破壞。即使有辦法保護ＢＤＮＦ免受胃酸分解，它也無法通過血腦屏障（編按：Blood-Brain Barrier，BBB。也稱腦血管障壁，指腦部和身體其他組織有一層屏障，能選擇性阻止除了氧氣、二氧化碳和血糖以外的物質進入腦部）。如果我們將ＢＤＮＦ直接注射到血液中，也會發生同樣的情況。理論上來說，人們可以在顱骨上打個洞，並將ＢＤＮＦ注入其中。但誰願意這麼做？

還好，有種方法能以自然的方式提升ＢＤＮＦ的濃度（鼓聲請下）——請！運！動！

要讓大腦製造ＢＤＮＦ，沒有比運動更有效的方法了。我們在動物實驗中已經看到，大腦在運動時便立刻分泌這種物質，並在運動停止後幾個小時內，仍然持續產出。當心率在正常範圍內升高時，似乎也會產生大量的ＢＤＮＦ。即使大腦在第一次運動後就可以產生ＢＤＮＦ，但是隨著時間推移，每次運動時產生的量都會增加。假設你每週跑步兩次、每次三十分鐘，你的大腦在每次運動中所產生的ＢＤＮＦ會越來越多，但你卻不必跑得更遠或更快。即使你停止運動，其濃度仍將持續增加長達兩周，然後才開始下降。

這表示，僅從ＢＤＮＦ的角度來看，你不必每天運動。

有氧運動負責增加ＢＤＮＦ濃度，但重訓卻似乎不能達到相同的效果。如果想獲得更多ＢＤＮＦ，你需要進行有氧運動、保持訓練間隔，並且最好規律地用力提高心率，如果不能總是達到高心率狀態，至少也得偶而能達到。

所有問題都源於ＢＤＮＦ嗎？

感到沮喪和低落的原因有很多種。有的人可能是因爲經歷離婚或親友去世的情感創傷，有的人可能是因爲長期的緊張。

如果你的身體裡長期存在高濃度的皮質醇（壓力荷爾蒙），罹患憂鬱症的風險就會提高。同樣的，你也可能在威脅到生命的極度緊張時刻後，出現憂鬱的情形。但是許多人的憂鬱狀態好像是突然跑出來的。這是當今正在觀察的現象，希望能找出憂鬱症的根源。目前看來，除了外部因素，還可能跟大腦本身有關。

不知何故，憂鬱症似乎會從身體內部開始，並在令人意想不到的地方崛起。除此之外，過重或肥胖也會增加罹患憂鬱症的風險，而且這不僅是因爲外表造成的羞恥或被過度關注（儘管這可能是促成因素之一），還是出於某些純粹的生物學機制，人們也懷疑跟幾種物質有關：

脂肪組織可能會釋放一種影響大腦的物質，反過來導致憂鬱症。它不僅被當成能量來源，還不斷向身體其他部位發送信號，報告現有庫存。在不同物質的幫助下，會發送出多種信號，其中幾個會影響我們的大腦及感受。

我們也知道，荷爾蒙失調（如女性的雌激素波動）的人更容易罹患憂鬱症。此外，我們身體內若有持續的輕度發炎，也可能增加染上憂鬱症的風險，所以某些能抑制發炎的藥物，似乎也能有效抵抗憂鬱症。

所以，似乎很多原因都會導致憂鬱。這是否意味著肥胖、受到干擾的雌激素、發炎和壓力荷爾蒙皮質醇之間，有著共同的聯繫？結果幾乎是肯定的，也可以被歸結爲四個字母——BDNF。

事實上，這些疾病都可能影響BDNF。壓力幾乎能立即導致其濃度下降，而體重超標、雌激素濃度受影響、發炎反應，也會引發相同的結果，並接著讓我們感到沮喪。換句話說，無論病源爲何，BDNF似乎在憂鬱症的發展過程中扮演著重要的角色，甚至可能具有關鍵作用。了解這一點後，我們應該確保提高自己的BDNF濃度，而且透過運動來達成目標。因爲不管如何，運動都能幫助我們。

會出現憂鬱症，也可能跟基因有關。如果父母一方患有憂鬱症，那麼子女罹患相同病症的可能性也會增加。但是，如果某人有這樣的基因危險因子，能把問題都怪到BDNF上嗎？當然可以，因爲它們就是相關的！BDNF會因人而異，而且在憂鬱症患者中，也常見到某些BDNF的基因亞型。事實上，如果我們想找出某人是否有憂鬱症的基因危險分子，BDNF便是其中一種用以檢測的基因。

奇蹟物質的神奇由來

義大利醫師兼研究者麗塔．列維—蒙塔爾奇尼（Rita Levi-Montalcini），在一九三〇年代為「大腦能創造自身肥料」的研究奠定了基礎。

由於她是猶太人，義大利法西斯政權禁止她進行科學研究，也剝奪她在都靈大學的科學家職位。二戰期間她不得不逃難，卻從未放棄研究。儘管她既沒有職位也沒有實驗室，還是繼續在家裡的臥室，用針線包中的物品進行研究。

她以雞的胚胎研究神經系統。有一天，她以雞胚胎培養小鼠腫瘤細胞時，發現了一些奇怪的事情。在雞胚胎裡，這些神經細胞以破紀錄的速度生長，並且長在一些原本沒有足夠空間的部位，例如血管。唯一合理的解釋是，腫瘤細胞分泌了某些物質使神經細胞快速生長。直到一九五〇年代，她和德國教授維克多．漢伯格（Viktor Hamburger）一起解開了這種小分子分泌物的謎團：神經生長因子（Nerve Growth Factor，NGF）。

列維—蒙塔爾奇尼很快發現，NGF並不能刺激所有類型的神經細胞生長，必須配合好幾種物質，才能刺激神經生長。而到了一九八〇年代，便發現一種類似NGF的物質，稱為腦源性神經營養因子（BDNF）。

你如果覺得科學研究是件速成的事情，就別做了。直到一九八六年，列維—蒙塔爾奇尼才因其傑出的貢獻獲得諾貝爾生醫獎，更一直工作到九十幾歲。她逝世於二〇一二年，享嵩壽一〇三歲，是當時在世的最年長諾貝爾獎得主。

以新的腦細胞對抗憂鬱

憂鬱症患者的大腦有萎縮的傾向。不過，每個人的大腦裡都會發生這種情況。從二十五歲開始，大腦的體積每年會減少〇．五％。只是憂鬱症患者的大腦，減少的速度更快一點。這可能是因爲新形成的大腦組織，還不夠彌補失去的部分。現在我們知道成年人也能生成新的腦細胞，但是在憂鬱症患者的大腦裡，新生的過程卻會被抑制（我們會在下一章再詳細介紹）。

科學家當前的想法是：憂鬱症是因爲沒有足夠的新生腦細胞所造成的。也就是說，並非是憂鬱導致新細胞的產生速度變慢，而是缺乏新生細胞造成了憂鬱。有不少研究結果也指向這個假設：如果讓老鼠服用抗憂鬱藥物，其海馬迴中的新生腦細胞數量將會提高五〇％。

腦細胞需要幾個星期來生成，因此這個數量不是一夜之間產出的。但是這個時間和抗憂鬱藥物發揮藥效的時間一致，會是巧合嗎？如果這兩件事情之間有相關性（很多證據也顯示它們之間可能有關係），就表示抗憂鬱藥物能促進新生腦細胞的形成並且消除焦慮。

藥物不是促進新細胞形成的唯一辦法，運動也可以促進海馬迴中的細胞生成。很少有東西能像運動一樣加速腦細胞的新生。新的腦細胞不只對憂鬱症患者有益，不論我們的感受如何，它們也對我們的大腦發揮著重要的作用。即使是沒有罹患憂鬱症的人，也會從新細胞中受益。

那麼，哪種物質負責再生大腦的細胞呢？你肯定已經猜到了：沒錯！正是BDNF。

自我效力感的治癒力

憂鬱的時候，大腦裡會發生如下事件：多巴胺、血清素、去甲基腎上腺素和BDNF的濃度下降，生成的新細胞也變少。暫且不管哪種變化的影響最大（目前我們也不知道，但它們極有可能是共同合作的），但是我們知道運動是一定有幫助的。

除了對新生腦細胞、多巴胺、BDNF等化學物質的生物作用，還有其他原因可以解釋爲什麼運動對憂鬱症來說，是有效的治療方式。

就像我在急診室遇到的那位女病人，你也可以像她一樣自己積極運動對抗疾病。在學術界，我們說的「自我效力感」，一般是指「你認爲自己有完成某項任務的能力」。這聽起來也許有點空洞，但的確是一個廣爲接受的心理學概念。你可以透過規律運動來增加自我效力感，並且讓自己開心。這對孩子來說也很重要。

感到失落和憂鬱是心理上的一種停滯，讓你覺得自己不能再做好生活中的任何事情，所有事情都慢了下來，也留不下什麼印象。不過，運動卻能帶來完全相反的作用。憂鬱的人通常不和其他人來往、不再參與曾經感興趣的活動。這會造成大腦受到的刺激越來越少，感覺也越來越糟，因此形成一個惡性循環。

美國哈佛大學的精神病學家約翰．瑞提，將憂鬱描述成連結的問題，包括人與人之間的社會連結、憂鬱症患者大腦細胞之間的連結。幸好，運動可以打破這種惡性循環。你出門活動見到人，會變得不那麼孤單，腦細胞也同時打破了孤立狀態。

比起多巴胺和BDNF濃度的變化，行為的改變更難測量。但是就如同「自我效力感」和「行為變化」，雖然聽起來沒有「多巴胺濃度增加」那麼客觀，也不意味著它們不重要。

更積極向上的個性

本章開頭所介紹的那位女士，只是眾多因為運動而受益的憂鬱症患者之一。她和其他類似病患一樣，個性都因為運動改善很多。一開始，我覺得這是個巧合，因為運動應該改變不了個性吧？但事實上，研究發現經常運動的人不僅更快樂，他們的基本人格特質似乎也產生了微小的變化。

在芬蘭、日本和南非的研究顯示，經常運動的人往往不那麼憤世嫉俗，也不那麼神經質。此外，他們與周遭的關係更好。在荷蘭觀察將近兩萬對雙胞胎的研究人員，也發現到相同的模式。那些每週運動兩次的人，在社交活動中更坦率，也比較不那麼神經質。

是運動造成了坦率的個性，還是反過來？這是個「先有雞？還是先有蛋？」的問題。事實上，有可能是因爲運動使人變得更不憤世嫉俗或神經質，也有可能是因爲那些憤世嫉俗和神經質的人，不會做那麼多運動。不過，我們可以透過了解某些分子在人格形成中的作用，來論證「運動能改善個性」的理論。

血清素和多巴胺不僅對你的感覺很重要，這些物質濃度的變化也造成人格的差異。例如，多巴胺與「好奇心」「嘗試新體驗的意願」有關；而血清素與「妥協」有關，也與「神經質性格」相繫。

從分子結構和心理角度來解釋人格，並不是件容易的事情。決定個性和感情的生物學原理是極爲複雜的，即使這兩種神經傳導物質不能完全決定你的整個人格，它們還是有著部分作用。事實證明，多巴胺和血清素的濃度在短期和長期內都會受到運動的影響。所以我們還是有理由相信，運動眞的可以影響個性。

運動良方

運動對感受的影響，遠超過它對其他方面的作用。其中一個就是運動可以讓我們徹底興奮起來。這時，運動就像人體內建的興奮劑。人們常說的「跑者愉悅」，也許你也經歷過。雖然在患憂鬱症的情況下，可能無法追求這種體驗，不過我還是應該在這本書裡提一下。因爲這其實就是短暫的戰慄感。

尋找神祕的嗎啡

早在兩千多年以前，人們就知道鴉片可以祛除疼痛、製造愉悅感。古羅馬帝國的人從罌粟花苞上取出汁液，乾燥後當做藥物使用。十九世紀初，德國科學家成功從中分離出嗎啡（鴉片中的活性物質），並開始應用在醫療領域上，其中最主要的用途是給受傷的士兵當止痛藥。人們發現這種藥非常有效。即使士兵失去了胳膊和雙腿，十毫克的藥就可以幫他消除疼痛。如此少量的嗎啡，其消除痛楚的效果相當於其百倍劑量的酒精。

一九七〇年代初期，發現了大腦細胞表面上的受體可以與嗎啡結合，進一步解釋了爲什麼這種藥會有如此好的效果。這個發現也同時引發討論：爲什麼大腦裡會有嗎啡受體？是大自然故意讓我們對嗎啡成癮嗎？感覺不像。更可能的原因是，大腦可以自己製造類似嗎啡的物質，所以這個受體其實是爲了這種自產的未知物質而生的。

全世界的科學家們競相尋找這種大腦自產的嗎啡，並且很快有了結果。一九七四年，人們發現豬的大腦會釋放一種神祕物質。這證明，動物的大腦可以自己分泌分子結構類似嗎啡的物質。同年，美國精神病學家在檢查小牛的大腦時，也有了類似的發現。

從演化的角度來看，豬和小牛是親戚，在牠們大腦裡發現的這種物質，就是我們要尋找的「自產嗎啡」。其實這種物質也存在人類大腦裡，稱爲：內源性嗎啡（endogenous morphine）。不過，它還有個更簡潔的名字是「內啡肽」（endorphin。亦稱腦內啡、腦內嗎啡）。

就像嗎啡一樣，內啡肽有驚人的疼痛控制效果，並能製造愉悅感。但是爲什麼大腦會因嗎啡而感到愉悅呢？大腦裡爲什麼存有自我愉悅這種機制？什麼情況又會觸發這個機制呢？另外，也有一個問題因此被提出來討論：自然界裡是否有一種情況，可以讓人類在不服藥的情況下，自然袪除疼痛並產生愉悅感？

美國長跑愛好者詹姆斯·費克斯（James Fixx）所著的暢銷書《路跑全集》（*The Complete Book of Running*）中，可以找到一部分的解答。當費克斯長跑時，他有時會出現愉悅和疼痛減輕的感覺，他將之稱爲「跑者的愉悅感」。事實上，還有很多人也體會到這種感覺。書籍出版後，很多進行不同有氧運動項目的運動員，也出現這種感覺。游泳選手、自行車手和賽艇舵手們都有同樣的感受，只不過說法不同。賽艇舵手稱之爲「划船者的愉悅」。

跑出愉悅！

詹姆斯·費克斯的書出版於一九七〇年代，正是跑步盛行的時候，「跑者的愉悅感」立刻成了流行語。

被廣泛認可的理論之一是：新發現的內啡肽就是其來源。現在，儘管多數跑步愛好者都沒有體驗過這樣的感覺，也都知道這不僅僅只是感覺更敏銳，而是一種運動對情緒產生的最大影響。

我自己曾經歷過兩次「跑者的愉悅感」，那眞的難以用言語形容，只能說像變魔術一般。它和平時運動後體驗的平靜不一樣，反而更像是所有疼痛都消失，讓當下經歷的一切都變得更深刻，因此一直跑下去，迅疾如風。這種感覺非常強烈，經歷過一次就終身難以忘懷。如果你還在懷疑自己是否經歷過這種「跑者的愉悅感」，我敢肯定說你還沒有。

視內啡肽爲這種感覺背後的成因，好像很合乎邏輯，因爲它太容易讓人聯想到嗎啡對人的作用。然而，形成「跑者的愉悅感」之原因仍有所爭論，也有些科學家認爲這種快樂的狀態不僅僅是內啡肽造成的。爲了解釋這個問題，德國慕尼黑的一些科學家，決定檢測當地跑步俱樂部中的跑者大腦。

他們在這些跑者快跑前後兩小時內，以正子斷層造影測量內啡肽的濃度。結果非常明確：跑步後，所有跑者腦中都檢測到很多內啡肽，特別是在前額葉皮質和邊緣系統（大腦中兩個控制感覺的區域）。之後，跑者描述他們的愉悅程度，顯然跑者越興奮，腦中存在的內啡肽就越多。

這基本上可以終結爭論，不必再討論「內啡肽是否會引起跑者的愉悅感」了，不過還是有少數觀點質疑，內啡肽並非導致這種狀態的唯一物質。首先，內啡肽的分子結構很大，所以很難突破血腦屏障。其次，當長跑運動員被注射一種嗎啡阻斷劑（此注射劑也會影響內啡肽），跑者仍然可以感覺到「跑者的愉悅感」。

這些愉悅感都是因爲內啡肽？

另一種可能是，「跑者的愉悅感」是內源性大麻素（endocannabinoids）引起的。它就像內啡肽，是一種人體內產生的止痛物質。不同的是，它們的分子比內啡肽小，因此更容易進入大腦。就像內啡肽一樣，腦細胞上也有內源性大麻素的特異性受體，成癮藥物可以與之結合（在大腦中，內源性大麻素與大麻中的活性成分，都是使用相同的受體）。

法國科學家透過修改小鼠的基因，使之缺乏內源性大麻素受體，進一步支持「內源性大麻素可能引起跑者的愉悅感」這種想法。這些齧齒類動物想運動的欲望，因此遭到改變。通常，籠子裡的老鼠可以自行使用輪子來運動。然而，轉基因小鼠根本不運動，造成牠們的運動量只有普通小鼠的一半。

難以在實驗中評估「小鼠的愉悅」和「跑者的愉悅感」兩者程度之別，但是我們可以看出運動後，人體的內源性大麻素含量增加了。僅靠走路不行，必須跑上至少四十五分鐘到六十分鐘，才能看到效果。這也符合「跑者的愉悅感」在字面上的意思，畢竟既然是「跑」，就不能靠「走」來實現。

有些科學家認爲，除了內啡肽和內源性大麻素，跑步還會提升多巴胺和血清素的濃度。

其他人則認為「跑者的愉悅感」與體溫有關，而且隨著體溫升高，我們會變得更愉快。最合理的解釋是：這並不依賴單一因素，而是多種原因共同作用的結果（而且內啡肽和內源性大麻素都有參與）。無論其生物來源是什麼，科學家們都對此有極大的興趣。

不過，對於跑者、自行車手、網球手或進行其他各種運動的人來說，知道「跑者的愉悅感」就可以了，不須知道背後的成因。

非洲大草原的遺跡

「跑出愉悅」可能是我們的祖先們在大草原生活後遺留下來的效應。在狩獵時必須長途跋涉，這是澳大利亞原住民、非洲喀拉哈里沙漠叢林居民仍然使用的方法。當你為捕殺獵物追蹤了幾公里，堅持追逐下去就很重要，此時內啡肽便派上用場了：如果扭傷腳踝或肌肉疼痛，內啡肽會幫你祛除疼痛；情況變得困難時，那種愉悅則讓你更容易繼續前進。這些都增加了捕殺的成功率，也可能就是為什麼今天我們仍然會有「跑者的愉悅感」這種狀態。

有很多證據顯示，「跑者的愉悅感」可能讓我們繼續跑下去，以捕捉到更多食物。此外，如果我們降低體脂，一種由脂肪組織分泌的荷爾蒙「瘦素」，其濃度也會相應降低。這聽起來像是在警告身體：能量在下降、需要補充。我們的身體並不希望我們變瘦，它反而希望我們攜帶能量。有個假設是：「我們需要一點樂趣來維持繼續尋找食物的能力」，如果這是正確的，那麼身體便會透過「跑者的愉悅感」告訴我們：你的能量儲備很快就會耗盡，不要放棄！繼續前進！找到更多食物！

因此，大腦是爲了幫助我們，才讓我們感受到這種愉快的狀態。

怎麼達到「跑者的愉悅感」？

至少得跑四十五分鐘。

跑得越久，「跑者的愉悅感」也就越強烈。隨著訓練的強度，大腦似乎會不斷替自己增加內啡肽的劑量。因此，感受到這種狀態的可能性，也會隨著時間的推移而增加，所以不要放棄！但是，沒有人能保證每次跑步都能達到這個狀態，畢竟不是每個人都能感受到它。

事實已經證明，當你運動一段時間後，疼痛的門檻會升高（與使用嗎啡一樣）。有實驗透過針刺或捏受試者，來測試他們對疼痛的耐受性。我們注意到跑步時，人的疼痛門檻比休息時更高。這也證實了「內啡肽不僅讓我們體會到愉悅，還能緩解疼痛」的猜想。

內啡肽緩解疼痛的能力可能是很強大的：科學家已經計算出，快跑期間所產生的內啡肽，相當於十毫克的嗎啡，這是患者在手臂或腿部骨折時常用的止痛藥劑量。這就是爲什麼，我們有時會看到跑者即使出現疲勞性骨折（編按：Stress Fractures，又稱壓力性骨折、應力性骨折，因長期過度使用和重複性運動所引起）也能繼續堅持跑步。儘管停下時內啡肽的作用會消失，疼痛會爆發，但只要跑起來，就不會感到疼痛。

雖然「跑者的愉悅感」是運動對大腦最極端的影響，但是即使你沒有感到內啡肽帶來的一股強烈快感，幸福感也會提升。就算沒有達到「跑者的愉悅」狀態，任何運動者的大腦也都能產生內啡肽和內源性大麻素。

快樂處方箋

讓感覺整體變好的妙方

即使根本沒有讓你憂鬱的事情，你也覺得疲倦和沮喪？那就出門跑步吧！只要你經常長時間運動或參加能提高心率的活動，奇蹟就會產生。你應該記住以下準則：

- 每週運動三次，每次運動大約三十至四十分鐘。強度應爲你所能承受最大強度的七成以上。保持平穩的跑步速度就好，但仍然應該略微感到喘不上氣並且出汗。
- 騎自行車或任何其他類型的有氧運動，都是很好的替代方案。效果是由運動的強度和時間長短決定，而不取決於運動的具體方式。
- 堅持這樣的運動至少三週！確實，許多人在運動一次後，就會感覺更好，但是爲了讓自己一整天都有好感覺，而不僅在運動後，你需要定期運動數週。並且不要指望前幾週會出現太多成效。

如果你覺得憂鬱

- 對於輕度或非臨床憂鬱症狀，運動與藥物一樣有效，但你必須每週跑步三次（或參加同等類型的運動），每次運動四十五分鐘。要見到明顯的效果，大約需要六週，所以不要中途放棄！
- 藥物治療適合臨床型憂鬱症和有自殺念頭的患者。讓憂鬱症患者把運動當成治療方法，並不實際，因爲光是起床這件事，就可能讓這些患者耗盡全力。患者應該和醫生保持交流，永遠不要自作主張停藥！
- 這不是一個「運動和吃藥哪個好？」的問題。運動很好，吃藥也不錯。理想的狀況是將兩者結合。經常運動也可以預防憂鬱症，你的抗壓能力也會更強，而這是憂鬱症最常見的原因。所有的一切都息息相關！

第五章

跑出好記性

珍惜你所有的回憶。
因為你無法再重溫一遍。
——巴布·狄倫

一九九〇年代中期，一群科學家決定觀察大腦的哪一部分受運動的影響最大。研究開始前，他們猜測大腦皮質和小腦（位於脊髓與大腦相交的位置），對於協調身體運動都很重要。因此，運動對這些區域的影響自然也是最大的，就像跑步對心血管健康的影響，要大於對肌肉力量的作用一樣。

這個研究以觀察老鼠在籠子中奔跑時，大腦的哪一部分產生最多腦源性神經營養因子（BDNF）為起點。奇怪的是，檢查小鼠的大腦時，科學家發現產出最多BDNF的地方，居然既不是大腦皮質也不是小腦，而是大腦的記憶中心海馬迴。這個發現，成為運動能強烈影響記憶的最重要線索之一。過去十年裡的動物實驗和人類研究都顯示，我們的記憶力可以透過運動得到加強。而且實際上，運動身體對記憶的影響力，似乎是最重要的。

讓大腦停止萎縮

在整個生命過程中，大腦會持續萎縮。不幸的是，它開始得比多數人想得要早得多。大腦約在二十五歲時長到最大，之後每年都會略微萎縮。當然，我們一生中都在持續產生新的腦細胞，只是細胞死亡的速度比新生速度更快。我們每天每秒會持續損失大約十萬個腦細胞，而且這是常年不停歇的。但是即便大腦中含有大約一千億個細胞，有這樣基數龐大的腦細胞可以彌補，這種損失也會因時間的推移而變得十分明顯。每過一年，大腦的體積將減少〇．五％至一％。

大腦的記憶中心海馬迴，是會隨年紀增長萎縮的一個部分。我們有兩個海馬迴，兩個大腦半球一邊一個，位於兩邊的顳葉深處。其大小每年會減少一％。這樣緩慢卻穩定縮小的海馬迴，正是讓記憶隨歲月流逝而變糟的主因。

很長一段時間以來，我們以為只有酒精和藥品等物才會對大腦產生負面影響，而且是絕對負面的、沒有任何好處的，畢竟它們會加速大腦的老化和海馬迴的萎縮。想要阻止或扭轉這種趨勢，也一度被認為不可能。但現在因為發現運動在「增加記憶力」乃至「提升整個大腦功能」上有著驚人的效果，從而提供了令人信服的證據，推翻原先的說法。

美國科學家以磁振造影掃描檢查一二〇人的大腦，並在兩個不同時間點測量他們的海馬迴，中間間隔一年。受試者被隨機分配到兩組，並進行兩種不同類型的活動。一組是耐力訓練，另一組則是伸展之類的輕度運動，運動時心率不會提高。

一年之後，耐力訓練組變得比輕度運動組更健康。到目前為止，實驗還沒有什麼令人驚奇的結果，但海馬迴發生什麼變化呢？輕度運動組的成員，海馬迴縮小了一．四％。不過這也不足爲奇，因爲它每年確實會縮小約一％。

非常有趣的是，耐力訓練組的海馬迴完全沒有縮小，反而變大了二％。這些人的海馬迴不僅恢復活力，而且從體積來講更是明顯年輕兩歲，而非老了一歲！這還不是全部的結果：測試對象身體變得越健康，其海馬迴體積就越大。在那些健康狀況改善最多的人中，海馬迴的增長率超過二％。

這一切是怎麼發生的？一個不那麼合理的假設是：隨著運動越多而增加的大腦肥料BDNF發揮了作用。也許你還記得，BDNF能眞正加強腦細胞聯繫，因此影響了我們的記憶力。所以能合情合理地說：當科學家檢查受試者腦內BDNF的濃度，他們注意到BDNF增加得越多，海馬迴就長得越大。

有什麼神奇的訓練計畫可以倒退大腦的衰老一年，並且使海馬迴這樣一個重要的部分再生？受試者把自行車踩得如同搖滾音樂劇《地獄蝙蝠》（*Bats Out of Hell*）裡那樣，或嚴格進行劇烈的長跑嗎？都不是。事實是，他們既不騎車也不跑步，唯一的運動是每週三次、每次四十分鐘的散步。這說明了你可以透過每週散步或慢跑幾次，來停止甚至扭轉大腦的老化，增強記憶力！

但是，讀這類實驗結果時，應該小心謹慎地下結論——實驗是一回事，現實是另一回事。保護海馬迴免於老化，甚至恢復其活力並讓體積變大，對我們的生活意味著什麼呢？我們真的能透過運動來改善記憶力嗎？

簡短的回答是：是的，絕對能！

歷史上多個研究結果都非常明確地指向同一個答案：短期和長期記憶都能透過運動得到改善，海馬迴的衰老也可以減緩甚至獲得逆轉。

大腦基因的返老還童

運動不足以阻止海馬迴隨著年齡增長而不再萎縮，卻也許能減緩遺傳物質的老化。與大腦和身體內的其他細胞一樣，海馬迴的組成細胞中也有遺傳物質。我們完整的DNA和所有基因，都存在每一個腦細胞之中。通常，基因是不會隨著年齡而改變的，但是它們發揮作用的方式會隨著年齡而有所變化，並導致包括大腦在內的身體器官進入衰老過程。

如果檢查不同年齡段的小鼠海馬迴細胞，就會發現有一組基因隨著動物的衰老而變化。這些基因控制著腦細胞的生長，以及建立彼此連結的能力。隨著小鼠的年齡增長，這類基因會變得不那麼活躍。這種逐步發展的基因變化，不僅使海馬迴老化，更使得整個大腦衰老。

然而，即使基因會老化，也不意味著整個細胞在凋亡的過程中一去不回頭。

研究人員曾將動物放到跑步機上進行訓練，並觀察到可以被稱爲奇蹟的現象：許多基因在受到老化的負面影響時，也受到了運動的影響，而且是正面的。儘管細胞變年輕的機制還沒有被完全破解，但在動物完成實驗規定的跑步訓練後，能觀察到它們的海馬迴細胞在基因上似乎變得更年輕了。

運動對基因的影響很大，但不會即時生效。參與測試的老鼠在八週內每天都跑步，這樣的強度相當於人類在幾年內每天都堅持跑步。這也說明了，那種「偶爾跑」的運動量是不足以影響基因的。值得注意的是，那些長期堅持運動的人，不僅長出了較大的海馬迴，也使原有的海馬迴細胞恢復活力。

實用記憶訓練

我們如何透過運動增強記憶力？運動後立刻就能看到功效嗎？還是得堅持運動好幾個月？是在學習前運動才容易記住知識，還是學習後再運動效果更好？

一開始，你不需要運動很長一段時間才能看到效果。因爲已有研究得出結論：三個月的規律耐力訓練，可以顯著增強記憶單詞的能力。這種方式一箭雙雕：增強記憶力（即能記住的單詞數量）的同時，也強化了體質。而且那些變得更健康的人，記憶力也變得更好。隨著運動增大的不僅是肌肉，還有海馬迴的體積，這個連結確實挺有趣的。

覺得三個月很長？別擔心，你會發現效果來得更快。

科學家曾比較「在健身房騎健身車的人」（運動組）和「不運動的同齡人」（非運動組）之間的記憶力。在開始運動前，幾次不同的記憶測試中，這兩組人是旗鼓相當的。然而，騎車這種運動方式，讓受試者很快就在各種健康指標和記憶方面遙遙領先。六週後，運動組在記憶測試中的表現明顯更好，並且研究持續的時間越長，兩組的差異也變得越大。運動組的記憶力不斷增強，而非運動組的身體素質和記憶力，卻保持在實驗開始時的水準。

科學家還對兩組受試者的大腦進行磁振造影掃描，結果發現大腦記憶的改善，與海馬迴（我們的記憶中心）供血量的增加情況密切相關。耐人尋味的是，似乎是血流量先增加，記憶力才隨之提高。

立刻增強記憶力

你是否像我一樣，要是運動了六週，記憶力卻還沒有增強就會焦躁不安？

事實上，運動是可以立即改善記憶力的！據觀察，那些在記憶測試中表現最好的人，也是剛運動完的人。測試前剛做過中等強度運動者，成果比測試前沒運動的人好。這說明了運動能立即對記憶產生影響。

但是，如果想大幅提高記憶力，就得邊學邊動，例如在跑步機上行走時也一邊學習。當然，即使不一定總能這麼做，也要意識到這一點的重要性。

目前仍不明白爲什麼邊運動邊學習，能把知識記得更牢固。可能是運動時，大腦中的血流量增加了，肌肉中的血液循環也以同樣的方式加快了。這種血流量的增加是即時的，所以大腦會得到更多血液補充，記憶效果也更好。

別讓運動出現反效果

透過運動來增強記憶力，並不是一種科學實驗中獨有的邊際效益（編按：marginal effect，指使用的量越大，願意付出的成本越低）。相反地，你自己也能體會到這種變化。記憶力的實驗中便顯示：與坐著背單字相比，背單字前或背單字時運動量越大，你可以多記住二○%的單字。看來準備考試的人、必須爲工作學習的人，在認爲自己沒時間散步前，也許更需要仔細再三考慮，因爲散步所花的時間也許能讓你物超所值。

就增強記憶力而言，散步或慢跑都能讓你獲得很好的效果。然而，如果你運動過度到精疲力竭，可能會出現反效果。

運動期間，肌肉需要大量血液支援，所以流向大腦的血液會逐漸減少，記憶力也因此變差。運動過度時，大腦會更專注在運動本身，而不是學習的內容。舉例來說，如果邊跑步邊聽需要記憶的內容，大腦就會專心處理跑步這件事，而不是你聽到的東西。

跑出高琴藝？

我們的記憶不僅包含記住所學的單字、閱讀的內容和上週做的事情，還有動作記憶，如網球的正拍擊球或彈鋼琴。追根究柢，所有學習都是腦細胞之間建立了新的連結。

你也許會好奇，運動技能是否也可以進而獲得改善？如果你只練習正拍擊球，技巧自然會變得更好。那麼，這表示正拍擊球的技巧會因爲先跑過步再來練習而變得更好嗎？或者，騎自行車會提高彈鋼琴的能力嗎？

爲了評估運動如何影響我們的運動技能記憶，科學家要求受試者使用操縱桿跟蹤螢幕上移動的點。這個看似簡單的電腦遊戲，其實啓動了大腦的許多區域，所以有時會被用於測試運動技能。

在這個實驗裡，受試者第一次玩電腦遊戲前，被要求先跑步或騎自行車。然後隔一段時間後再玩一次遊戲，看看受試者的能力有沒有提高。

就像特地訓練正拍擊球可以提高擊球水準，玩過一次電腦遊戲後再玩一次，技能當然會有所進步。練習遊戲的時間沒有改變，差別只在於某些受試者先運動再玩遊戲。但是值得注意的是：玩遊戲前先運動的受試者表現得更好。看來運動的某些方面或運動本身，有助於受試者掌握遊戲，不必再花更多時間練習。

這其中的原因是什麼？我們只能推測，學習新東西的二十四小時內，就會發生「記憶鞏固」（memory consolidation）。也就是說，無論是學鋼琴還是玩電腦遊戲，都存在一個從短期記憶轉化成長期記憶的過程。

假設你用鋼琴將一首簡單的曲目演奏了幾次，然後休息一分鐘再彈奏。因爲演奏存在於短期記憶裡，所以肯定會因練習而表現更好。但是到了第二天，關於那首曲子你還會記得多少呢？這都取決於這段記憶在大腦裡被銘記或鞏固到長期記憶的程度。

短期記憶要轉化爲長期記憶的過程中，海馬迴的角色非常重要。前面已經提過運動如何讓海馬迴分泌出大量ＢＤＮＦ，這是加強腦細胞聯繫不可或缺的過程。如果我們學東西前先運動，就能在短期記憶轉化爲長期記憶的過程中，讓ＢＤＮＦ被大量釋放。

因爲這個轉化的歷程並不是在學習後的幾分鐘發生，而是二十四小時內。所以轉化成長期記憶的狀態便可能因運動而有所改善。這與電腦遊戲實驗所得到的結果吻合——即運動後的一天內，都能享有效果。

所以，如果你在練琴前先運動，就可能成爲更好的鋼琴演奏者！如果你在去高爾夫球場前先跑個步或騎趟自行車，就能更快學會揮桿，也會學得更好。透過運動，你可以在關鍵階段（即轉化成長期記憶的階段）加強自己記憶樂譜、揮桿能力，或想學習的任何技能；透過運動，腦細胞將擁有更好的能力，在彼此之間建立強大而持久的聯繫。這也適用於記憶想掌握的語言或運動技能。

大腦的記憶途徑

基本上，我們的記憶是由一組相互連接的腦細胞構成的。體驗新事物（創建新記憶）時，大腦會建立一種稱為「突觸」的新連結。細胞之間並沒有物理接觸，而是有個終端向它們之間發送化學信號。

諾貝爾生醫獎得主，聖地亞哥·拉—卡哈爾（Santiago Ramón y Cajal）將其詩意地描述為「牽手的腦細胞」，儘管細胞實際上並沒有相互接觸。

細胞間彼此連結的緊密程度，取決於它們相互聯繫的次數。打個比方，如果你拿到了一個新的電話號碼，接下來便會在通訊錄上建立一個新的連絡人。每次撥打這個號碼時，都會加強和這個人的聯繫（也就是細胞間聯繫更緊密），每撥一次，你對這個號碼的印象也會更深刻一些。這有點像之前提過的「神經元一齊開火，一齊串連」。另一方面，如果這個電話號碼你只記一次，它很快就會被忘記。因為如果學的東西沒有被加強，細胞間的連結將會減弱，甚至最終失去聯繫。

同樣地，我們可以把記憶當做大腦裡建立的路徑。走出一條完整的路需要時間，一旦路徑形成，記憶就穩定下來了。如果只走了幾遍，這條路不久後就會消失；那些馬上築出深刻路徑的事物，則會被保存下來，變成終生的記憶。

獨特或非比尋常的經歷會銘刻終生，即使這條「路」只被走過一次。這樣的過程特別適用於「受到威脅」或「處於危險之中」這種情緒起伏大且負面的記憶。

從生存的角度來看，記住這類事情非常重要，因此它們有優先使用權可以占用記憶庫。而從演化的角度來說，記住危險的事情是非常重要的，這樣以後才會知道需要加以避免。也就是說，如果你目睹了一些可怕的事情或遭遇了危及生命的情況，很可能終生都會記住該事件的每個枝微末節。其他像是繫鞋帶這種不那麼獨特或不怎麼吸引你的事情，則不會在大腦裡留下一條記憶路徑。這只會讓細胞相互接觸一段時間，然後很快就分開。所以你很快就會忘記自己做了什麼。

說了這麼多，現在你已經可以理解運動如何幫助建立記憶路徑，並讓細胞「堅持彼此相連」。運動會讓海馬迴中的腦細胞分泌出更多BDNF，進一步加強腦細胞之間的聯繫，使它們「手握得更緊」，所以記憶路徑更快成形。記憶變得強大了，我們也就能記住自己正在做的事情，學習能力也越強。

運動提高BDNF的濃度，加強大腦細胞之間的聯繫。這可能是運動對記憶有益的最重要原因之一。

運動過度傷記憶？

從大腦的角度來看，「運動多多益善」的觀點值得商榷——過多的益處是否會帶來壞處。在一場艱辛的比賽中（比如鐵人三項），參與者會持續運動十至十二小時，如此大的運動量對記憶力和大腦有幫助嗎？雖然還不確定，但有很多跡象表明，這對於大腦和記憶的壞處更多，至少在短期內是如此。

美國科學家從大量的小鼠中篩選培育出熱愛跑步的小鼠，讓那些跑得最多的小鼠交配，然後讓牠們跑得最多的後代再交配。以這種方式使小鼠們一代又一代地交配，直到這些培育出來的老鼠能自己跑出比普通老鼠多達三倍的運動量。事實上，這些「超級跑步老鼠」每天跑出的距離，相當於人類跑數公里。

科學家隨後透過讓老鼠走新迷宮來測試記憶力。在一般情況下，跑得快的老鼠可以很快在新環境中找到路，因爲運動可以提升記憶力。然而，超級跑步老鼠卻花了比平常更久的時間來學習新的迷宮環境。牠們的記憶力不僅比普通老鼠差，血液裡也含有高濃度的壓力荷爾蒙皮質醇（身體壓力反應的核心）。皮質醇濃度通常會在活動身體後下降，因此常跑步的老鼠，其壓力反應理應較小。但事實卻恰恰相反，超級跑步老鼠似乎長期處於壓力之下。

還不能確定這樣的結果是否存在人類身上，但運動量大到一定程度時，大腦看來就無法好好運作。此時，壓力反應不減反增，記憶力變得更差。目前我們還不能確定終止壓力的相對應運動量，因爲這可能因人而異。然而可能得出的結論是：任何參加超級馬拉松或達到類似運動量的人，都不能以爲這樣做足以增強記憶力，因爲是可能出現反效果的。

長距離散步或跑步三十分鐘，就足以增強記憶力，效果可能還比跑幾個小時更好。

你的大腦可以創造新細胞

十九世紀初的多數科學家認爲，成年人的大腦無法產生任何類型的新細胞。如果我們在自己身上劃一刀，傷口會產生新的皮膚細胞並自行癒合。同樣地，新的毛髮細胞和血液細胞也不斷在人體內生成。大多數的身體器官都能夠再生細胞，但沒有人認爲大腦也遵從這個規律。

有個解釋認爲，大腦由一千億個細胞組成，是複雜又完整的結構，以至於成年大腦中就算有新生成的細胞，也很難在出生時就形成結構的大腦裡，找到合適的居留位置。就像拆解電腦後只隨機插入幾塊電路板，並不能期待電腦會運作得更好。這種說法就和學校一直教我們的一樣：要使用一輩子的大腦，二十歲後就不再發育。我還聽過有人說，喝一大口酒，就永遠失去五萬個腦細胞。

「眞相」一點都不正確

我們都知道，時不時地質疑所謂的「眞理」並沒有什麼壞處。

一九九〇年代中期，美國加州的一些科學家決定仔細研究「成年人的大腦是否能產生新細胞」。他們並非從人類大腦著手，而是專注於研究老鼠的大腦。他們想要了解的第一個問題是：如果將動物從環境單一、無菌的籠子中取出，並在科學家們認爲更豐富的環境中獲得更多刺激，牠們的大腦是否會發生變化？

於是，老鼠們在一個附有很多隧道能藏身的籠子裡住了一個月，其中還有許多輪子可以讓牠們跑來跑去，也有許多玩具讓牠們玩。在這裡，還有更多老鼠陪伴。這無疑是個比老鼠曾經習慣的無菌籠子更有趣的環境。

科學家們知道，因爲新連結會在學習新東西時生成，所以透過改變環境，老鼠可以獲得新的體驗，腦細胞間便可以建立新連結。但學習新東西，眞的能以其他方式影響動物的大腦嗎？確實可以！

充滿刺激的新環境對大腦產生巨大影響，創造了大量新細胞。實驗發現，小鼠的海馬迴有一部分已經長大，而且變化非常顯著。在短短幾週內，小鼠腦細胞的數量增加了一五％。這樣的結果看起來很不錯。而且不會因老鼠的年齡而有所限制。因爲當科學家在年紀相對較大的老鼠身上進行相同實驗時，也獲得同樣的結果。

動物的大腦不僅能產生新細胞，似乎也運行得更好。當老鼠們進行記憶力測試時（主要測試牠們在池子裡尋找隱藏平臺的能力），那些生活在豐富環境中的老鼠能更快完成任務，記憶力也比那些在無菌籠中生活的老鼠更好。

究竟是什麼造就這樣的結果？

這個發現的影響相當驚人。

這是否適用於那些身處豐富環境中的人類？這是否意味著改變環境、職業、社交圈與旅行等新體驗，也可能使大腦創造新細胞？這些經歷能否改善我們的記憶，甚至讓我們變得更聰明？

先讓我們退一步想想。在老鼠的環境中，是什麼使牠們的大腦產生更多腦細胞？是玩具？可以用來躲貓貓的隧道？還是一起玩耍的同伴？還是用來跑步的輪子發揮了什麼作用？

如果讓我猜，我會大膽地說，這是結合所有因素獲得的結果。但事實證明我錯了。

當籠子裡沒有其他刺激物，老鼠只能在輪子上跑時，牠們大腦的變化依然很明顯。似乎跑動是新生腦細胞的主要因素。玩具、隧道、同伴對老鼠的刺激很小，幾乎可以忽略。

跑步生成腦細胞的發現，影響了參與研究的幾位科學家。其中一位是著名的遺傳學家弗瑞德．蓋吉。他向大眾描述同事們看到老鼠大腦產生的新細胞後，立刻決定徹底改變自己原有的生活方式，並決心開始跑步。他們推斷，運動促進大腦產生新細胞的規律如果適用於老鼠，也能套用於人類身上。

但蓋吉和同事的推斷是否正確？成年人的大腦是否眞的會產生新的腦細胞，仍然是一個難以回答的問題。因爲要驗證這一點，需要把人類大腦放到顯微鏡下研究，活人的電腦斷層掃描或磁振造影無法提供任何線索。也就是說，這項研究需要解剖人腦。即使有人同意以研究的名義，在去世後捐獻自己的大腦，仍然會遇到問題：如何判斷解剖看到的腦細胞是新的腦細胞？

分辨腦細胞的新舊，是極具挑戰性的。

成人也會產生新的腦細胞

當瑞典神經科學家彼得．埃里克森（Peter Eriksson）想到一個絕妙的主意時，也因此產生了解決的方案。

腫瘤學家會使用一種名爲溴化去氧尿苷（Bromodeoxyuridine，BrdU）的物質，來判斷癌細胞是否分裂及生長。而它不僅可以用來標記癌細胞，也可以標記新的腦細胞和其他類型的細胞。而埃里克森發現，如果存在新的腦細胞，ＢｒｄＵ應該也能對它們進行標記，這樣就可以在已故的癌症患者大腦樣本中，標示出新的腦細胞了。

研究人員獲准觀察五名已故患者的大腦。這個獨特的機會，讓科學家們得以探究大腦是否會在整個生命週期中再生新細胞。這也是神經科學最大的難題之一。他們希望透過檢查，至少在一位的大腦中發現以ＢｒｄＵ標記的新生腦細胞。結果，他們在五位的大腦都發現了這樣的細胞！並且發現的位置與小鼠大腦中的位置相同，都是在海馬迴。

令人難以置信的是，有些腦細胞被發現生成於大約一個月之前，這意味著它們是在捐贈者病入膏肓時形成的。他們的大腦在此時仍繼續創造新的腦細胞！透過顯微鏡也可以看到新細胞與舊細胞間有聯繫，並且似乎已經整合到了海馬迴內，表示新細胞已經融入新環境。當患者還在世時，它們很可能還在運轉，發揮自己的作用。

在捐贈者大腦裡發現新細胞的結論具有重大意義，成年人大腦裡甚至出現神經生成（新神經組織的產生和發展）的消息也造成轟動，並成爲全世界的頭條新聞，醫學領域的教科書也因此被改寫。

腦細胞無法再生的「眞理」是錯誤的。

然而，正如在科學研究領域中經常出現的：探索一個問題時，通常也會引出其他未解決的問題。而現在最大的疑問是：是否無論過著怎樣的生活，細胞都會以同樣的速度再生？如果不是，再生的速度會受到什麼東西的影響？這種再生的過程是否可能被加速？如果可以，我們應該怎麼做？

運動對大腦的影響是個値得關注的領域，因爲研究已經顯示，運動讓小鼠產生了更多的腦細胞。但我們能否保證運動會加快腦細胞再生的速率，即使在人類身上也是如此？人類可以透過運動來改善記憶嗎？

以上兩個問題的答案都是肯定的。至少，這是科學家對人類神經進行二十年研究後得出的結論。

你忘了痛嗎？

我從剛剛越過終點線的馬拉松選手那裡，聽到很多次「我再也不跑了」的懊悔。然而幾個星期後，他們又報名參加另一場比賽，出現在隊伍裡。

人類怎麼會完成一場自認難以忍受的比賽，卻仍然選擇年復一年地站在起跑線上？可能的解釋是，跑者忘記當時精疲力竭的程度。

選擇性遺忘並不是偽心理學術語，而是一種醫學常態，常常在分娩等事件後發生。

讓「剛分娩的婦女」和「剛接受婦科手術的婦女」來比較感受到的疼痛時，她們的評分大致相同。這麼看來，分娩的疼痛似乎與外科手術相當。但是，當你要求這些女性在生產幾個月後再回想這件事和所經歷的疼痛時，分娩的女性卻不再記得生孩子有多麼難受了，至少疼痛程度會有所差異。然而，那些歷經手術的人，倒是對手術的記憶會像事情發生當天一樣生動。

的確，有些女性會忘記分娩有多痛苦，或者只記得是痛苦的，但不記得疼痛的強度。從生物學的角度來看，這並不奇怪。因為如果要選出一件對物種至關重要的事，那就是生育、製造更多後代。這就是為什麼我們會有一個自然的機制，幫助我們忘記分娩的疼痛，或是在任何情況下都想不起疼痛的細節，以免不想再繁衍下一代。

同樣的事情似乎也會發生在艱辛的體力消耗上。如果讓剛剛越過終點的馬拉松跑者對整個比賽中的痛苦程度進行評分，在滿分十分的情況下，平均分數為五・五分。三到六個月後，再次評分時卻差不多已經忘記當時有多痛苦了！

當然，從生物學的角度來看，選擇性記憶是合理的。如果我們記得長距離跟蹤獵物有多麼辛苦，記憶可能會阻止我們繼續狩獵。然而，如果忘記它，我們便會渴望再次去捕獵，以增加獲取食物的機會。長遠來看，這樣能增加生存的機會。這可能就是為什麼我們的記憶，能夠選擇性忘記運動時感受到的痛苦。

放射性碳定年給了答案

在繼續討論前，得先想想一個問題：海馬迴生成新細胞的能力有多重要？只有科學家覺得重要嗎？它是否只代表一個實驗的結果，但缺乏實際意義？

首先，腦細胞的再生具有深遠的意義。在人類的一生中，大約有三分之一的海馬迴細胞會因新生細胞而更替。

你可能想知道我們怎麼知道這一點。觀察死者大腦時，無法判斷某個細胞是在成年後形成，或是一直持續在更新。弗瑞德．蓋吉和彼得．埃里克森所使用的溴化去氧尿苷標記法，只能確定細胞是近期形成的。

爲了解開這個謎團，瑞典卡羅琳醫學大學（Karolinska Institute）的科學家們，應用了一些我們可能不會與神經科學直接聯繫起來的東西：核武器的探測。

在一九五〇至一九六〇的冷戰期間，人們使用了大量核武，其中許多試爆發生在遙遠的太平洋島嶼。不過，即使測試發生在地球的另一端，放射性同位素碳14也會透過大氣傳播到全世界的每一個角落。人們會定期檢測大氣中的碳14濃度，這樣就可以看出多年來其含量在空氣中的變化。

這與腦細胞有什麼關係？

每有一個新的腦細胞產生，新的DNA也會相應生成。同時，當年大氣中的碳14濃度也會表現在細胞的DNA螺旋中。也就是說，你如果知道這幾年來大氣中碳14的濃度，就可以確定一個細胞的年齡。在一名四十五歲男性的大腦中，四十五歲的腦細胞是他出生後就存在的，而三十歲的腦細胞則是在他十幾歲時才生成的。

利用這種方法，我們可以標記出大腦捐贈者的海馬迴細胞年齡。這些捐贈者去世時大約九十歲，因此我們可以計算出多少細胞與捐獻者的年齡相同、多少細胞其實更加年輕。結果顯示，特定濃度的碳14存在於大約三分之一的細胞DNA裡。這表示，這些細胞一定都是在捐贈者出生後才生成。事實上，測試顯示，成年人大腦的海馬迴每天會產生一四〇〇個新細胞。也就是說你成年後，海馬迴每天、每時、每分、每秒都會生成新細胞。

新細胞對健康很重要

研究不僅能夠證明海馬迴在你的一生中都會生成大量的新細胞，現在還知道細胞的再生不僅可以增強記憶力，對心理健康也具有關鍵作用。許多人認爲憂鬱症是神經細胞再生不良引起的，而第四章〈眞正的快樂藥丸〉中也提到，缺乏新細胞正是憂鬱症的眞正病因。

這個假設的依據是：抗憂鬱藥物的作用是促進腦細胞再生。如果阻斷動物大腦在體內產生新細胞的途徑，會使抗憂鬱藥物失去藥效，無法治癒憂鬱症。換句話說，如果一個人的大腦不能生成新細胞，那麼抗憂鬱藥物的治療可能就沒有用。

這強烈顯示出腦細胞的再生，對於我們的幸福感、緩解憂鬱症的能力是極其重要的。如果大腦生成新細胞的能力下降，就可能開始感覺低落、變得憂鬱、記憶也更差。相比之下，活動身體可以使腦細胞再生的速度加倍。看來運動造成的影響確實很大。

多動動，感官更敏銳

海馬迴是我們的記憶中心，它由幾個部分組成，神經的生長主要就發生在「齒狀回」。有趣的是，腦細胞也恰好在這裡生成。齒狀回具有非常特殊的功能，對於所謂的**模式分離**（pattern separation）很重要，也就是分辨細微差別的能力。

設想這樣的情景：你進入一個房間，裡面正在舉辦熱鬧的雞尾酒會。其中一位客人是你的妹妹，有幾位是你的親密好友，還有一些是偶然見過幾次的熟人，以及一些你從未見過的人。

當你看到妹妹時會立即認出她，因爲大腦不須費很大工夫識別。辨別朋友時也是一樣。然而，當你看到只見過一、兩次的人，大腦開始將他們的面孔與你記憶庫中的東西相配對。

「那是誰？我跟她挺熟的。她看起來像我以前的同事，但又不是，因爲那位同事個子更高、髮色更淺。」

當你精疲力竭地努力回憶自己是否見過面前的人，你的齒狀回正試圖將這個人的臉部與以前見過的人相匹配。靠觀察小細節來判斷，透過篩選髮色、身高、面部特徵等微小差異，齒狀回決定你是否認識他，這是以前見過還是完全不認識的人。

大部分的人，經歷和生活都千篇一律。回想一下你今天所做的事情。有多少事情是眞的以前從未嘗試過的？應該沒有多少，除非你過著變化多端的生活。

儘管有許多事情能勾起回憶，而且我們遇到的很多人都在提醒自己曾和這個人打過交道，但是將相關事件和人物資訊分別儲存起來的是我們的大腦。這就是模式分離，對環境進行細緻觀察的關鍵能力。如果沒有它，我們的記憶就會變得模糊，無法區分不同的人。因此，當細胞的再生恰好發生在對於模式分離很重要的大腦區域，特別在有運動的習慣時，你便可以斷言運動讓你獲得更敏銳的感官。我認爲這可能就是爲什麼在治療憂鬱症時，運動如此有效。

在憂鬱症患者的生活中，感情是漸漸變淡的，他們最終會無法感受生活的微妙之處，覺得眼前事情灰暗且沉悶。另一方面，由於齒狀回中的腦細胞再生，抓住更細緻入微的生命變化、看到希望曙光的機會，就可能因此增加。

只有運動才會讓腦細胞再生？

運動才能讓腦細胞再生嗎？更具刺激性的環境（科學家稱之爲豐富的環境），對大腦創造新細胞的能力也很重要嗎？是的，環境也扮演著非常重要的角色。我們能製造多少新細胞不僅取決於「生成」多少，還取決於能「保留」多少。

新的腦細胞非常脆弱，只有一半能存活下來。不過，提高細胞存活率，便能增加腦細胞的再生速度。而讓動物生活在更加豐富的環境中，就可以讓大約八〇%的新生腦細胞存活下來。

運動有利於額外的腦細胞生成、豐富環境增加這些細胞存活的可能性，而將這兩者聯繫起來是完全合乎邏輯的。我們已經演化到能體驗新環境和事件，大腦也隨時準備接收新資訊，爲了提高我們記住經歷的能力，海馬迴創造了新的細胞。然後，當我們在這個新環境活動時，便提供能使這些細胞存活下來的刺激。

因此，可以說運動爲大腦學習新事物奠定了基礎。現在聽起來，一邊背單字、一邊散步，能多記住二〇%已經不那麼奇怪了吧！

還有什麼能幫助腦細胞新生？

除了運動，性生活、低熱量飲食（但不是飢餓），以及黑巧克力中的類黃酮，都與新的腦細胞神經形成有關。新細胞的減少可能是壓力大、睡眠不足、攝取過多酒精、高脂肪飲食（特別是奶油和乳酪中發現的飽和脂肪酸）引起的。

內建的導航系統

雖然海馬迴能幫助我們建立長期記憶，但它的作用可不止如此。海馬迴的重要性在於，它能幫助我們徹底審查事物，並將目前正在經歷的事物與記憶中的其他事物進行比較，因此我們不會在情感上對新事物過度反應。

此外，海馬迴就像大腦裡的全球定位系統，對於我們的空間定位能力也非常重要。海馬迴能確保我們的位置，並允許儲存有關地點的記憶（這項發現在二〇一四年獲得諾貝爾生醫獎）。讀這本書時，我們海馬迴中的特定細胞會發出信號，告訴自己身處室內或室外。如果我們移動幾公分，其他充當「地點細胞」的海馬迴細胞就會變得活躍，並在大腦裡建立出周圍環境的內部地圖。

換句話說，海馬除了做爲記憶中心，還有一個重要的功能列表：控制我們的情緒、幫助我們進行空間定位，並確保我們能夠找到自己以前所處過的位置。越了解海馬迴，就越能意識到大腦這個區域的重要性。如果海馬迴不能發揮作用，大腦也將深受其害。

我以大篇幅描述海馬迴的原因之一是：它可能是大腦中受運動影響最多的部分。我們已經知道運動會讓海馬迴產生新細胞。血流量增加時，海馬迴就獲得更多能量，也運作得更好。此外，已經存在的海馬迴細胞似乎會在基因上變得更年輕，衰老造成的萎縮也可能因此減緩，甚至變得更年輕。長遠來看，經常運動的人，其海馬迴及整個大腦都會變得更好、更有效率。

運動的人會在幾個不同方面，注意到海馬迴的功能增強。除了記憶力增強，還會發現自己不像以前那樣情緒化，也不會對負面事件有強烈的反應。它也可能影響你在不同空間的定位能力。此外，許多運動者更發現以上幾個功能合作得更快、更好。

換句話說，他們邁開的腳步甚至讓大腦運轉得更快了。這可能都是強大海馬迴的功勞。

不同的運動影響不同的記憶

即使記憶與整個大腦有關，不同的區域仍會專注於處理不同類型的記憶。額葉和海馬迴對於「工作記憶」很重要，比如拿起電話就能撥出你想要的號碼。海馬迴對空間記憶也是必要的。顳葉是儲存**記憶片段**的關鍵。正是它，讓你記得上回平安夜發生的事情。

很大程度上，記憶儲存在日後會應用到它們的大腦區域中，比如視覺記憶就主要存在於視覺皮質。

令人著迷的是，不同類型的運動似乎可以透過各種方式，影響大腦不同區域的記憶。這使我們想知道，不同的運動是否會對不同的記憶產生影響。例如，研究已經顯示，可以透過跑步和舉重來增強單字的記憶；重量訓練似乎對**聯想記憶**有好處，也就是將名字與臉部配對的能力；要記住鑰匙放在哪裡，跑步和重量訓練似乎都可以解決問題。

我們可以從這些研究中得出兩個結論。首先，也是最重要的一點，如果想增強記憶力，你必須至少進行一種體育活動，選擇做什麼倒不重要。其次，如果想增加所有類型的記憶，從記住你放的東西到讀過的書，應該時不時地改變運動方式，確保有氧運動和重量訓練都有做到。但是，如果你必須在兩者之間選擇，應該優先考慮有氧運動，因為它對記憶更有幫助。

透過運動，可以同時強化海馬迴和額葉，這表示運動可以多方面改善記憶，包括短期記憶（能保存幾分鐘或幾小時）和長期記憶。即使大多數研究都集中在運動對短期記憶的影響上，但是運動的實際效果是增加所有類型的記憶，無論是今天早上發生的事情，還是二十年前經歷的事件！

運動 vs. 電玩

打開電腦搜尋「認知訓練」，你會搜到三千七百多萬筆結果。其中大多數是應用程式、遊戲和其他能讓大腦效率變得更好的產品廣告。

「大腦效率變得更好」是個很誘人的廣告詞。難道有人不想擁有一個運轉更快的大腦嗎？健腦這門生意透過不同的訓練方式，在很短的時間內形成一個資產高達數十億的行業。認知遊戲的年度總銷售額更超過一百億美元。

最近，在史丹佛大學和馬克斯普朗克科學促進協會的支持下，七十位世界上最傑出的神經科學家和心理學家，決定看看這些健腦的遊戲和應用程式，是否和它們的製造商所鼓吹的一樣有效。為了找到遊戲是否能提高認知能力的答案，專家們對這一類遊戲進行科學研究。

他們得出的結論強烈否認了認知遊戲的功效。

因為他們發現，遊戲和應用程式所提供的認知訓練方法，並不會讓你變得更聰明、更專注或更有創意，更不會改善你的記憶。其實，你的認知能力只是在玩遊戲時變得更好而已。填字遊戲和數獨通常被稱為大腦體操，可是如果你透過玩填字遊戲訓練自己的大腦，那麼變強的只有玩填字遊戲方面的能力，其他方面的能力並不會增強。

相比之下，有越來越多的研究一再表明，運動可以真正加強我們所有的認知功能。如果你還在懷疑，就表示你沒有好好地讀這本書！在運動訓練和認知訓練之間的競賽，運動可是領先了一大步。

快樂處方箋

改善記憶的正確妙方

- 在理想的情況下，你應該交替進行心肺（耐力）訓練和重量訓練。
- 多數研究都集中在有氧訓練對海馬迴的影響，但有些對記憶的特殊影響只能透過重量訓練來實現。或者，至少很大程度上只能以重量訓練達成。
- 正確的運動時間是在學習前或學習中。不須全力以赴，只要散個步或輕鬆慢跑。
- 運動要持續、定期。當然，你可以透過一次運動改善記憶，但就像對許多認知能力的影響一樣，如果有耐心並連續幾個月堅持運動，記憶便會增強許多。

第六章

培養自己的創造力

在我的雙腿開始移動時，我的思考也開始流動。
——大衛．梭羅

知名的日本作家村上春樹，寫出了全球銷量高達數百萬冊的作品。他的名字長期出現在眾多重要的文學獎項名單裡，並且經常被視爲諾貝爾文學獎的熱門人選。

如果有人想知道村上從哪裡獲得寫作靈感，看看他二〇〇八年的作品書名就知道了——《關於跑步，我說的其實是……》。在這本書中，村上詳細地描述自己的創作過程：需要寫作時，他淩晨四點起床，一直工作到上午十點。午飯後跑十公里，接著游泳。當天剩下的時間裡，他會聽音樂和閱讀，接著在晚上九點左右就寢。村上會在需要寫書的六個月內，每天遵循這樣的規律，直到寫完這本書。村上認爲，體力對於寫作和創造力都很重要，所以他需要從運動中獲得體力。

認爲運動對創作的效果難以估量的人，可不止村上一位。有一大批的作家、音樂家、演員、藝術家、科學家、企業家，見證了運動是如何讓自己變得更有創造力。

靈感來自跑步後

運動對創造力的影響，是我對「體育活動如何改變大腦」這個話題感興趣的原因之一。我常常在外出跑步或打網球後，產生一些奇思妙想。起初，我以爲這只是巧合，或許只是外出讓我變得更加警覺。但新的想法一次又一次地出現，並且在運動後的幾個小時內表現特別突出。我因此開始懷疑，運動是否眞的會讓我變得更有創意。當我讀到有關創造力和體育活動的研究時，我才意識到有這樣的經歷，很明顯地不僅是因爲更興奮或更警覺。

散個步，更有創造力

許多富有創意的人都用自己的例子，講述運動如何奇蹟般成就他們的創造力。

據說愛因斯坦是在騎自行車時想到相對論；貝多芬是有史以來最偉大的音樂天才之一，儘管在四十多歲時就耳聾，還是創作了三首交響曲。他經常在白天停下創作，走一段長路來尋找靈感；達爾文則圍繞著唐恩宅（The Down House）進行長達一小時的漫步——他稱之爲「思考之路」。也正是這段散步，讓他寫出《物種起源》，成爲生物學領域迄今爲止可能最重要的著作。更接近現代的例子則是已故的蘋果公司聯合創始人之一史蒂夫·賈伯斯。他會定期舉行步行會議，因爲他覺得這樣比在會議室圍繞著桌子開會更有效率。他的做法似乎也激勵了許多矽谷菁英，因爲臉書創始人馬克·祖克柏和推特創始人傑克·多西，也做過同樣的事情。

不同類型的創造力

雖然這些「運動有助於提高創造力」的趣聞軼事看起來很動人，卻缺乏確鑿的證據。在宣稱運動可以讓你打破常規思維，以及該如何實現這個目標之前，我們需要找出什麼是創造力、如何測試創造力。

所謂具有創意的東西必須既新又有意義，而且能實現某種目的或功能。複製別人的工作、無意義的發明都不能算是有創意。

在創新研究中，我們經常對兩種創造力進行區分：擴散性思考和聚斂性思考。

擴散性思考是經典的腦力激盪：透過廣泛思考和使用大量關聯，爲問題提出許多不同的解決方案。典型的擴散性思考試驗稱爲「替代功能測試」（Alternative Uses Test），是一種基於單詞關聯的實驗。例如，實驗者會給你「磚塊」這個單詞，你必須在規定的時間內，想出這個單詞的各種用途——比如在房子裡建造一堵牆、當紙鎮或門擋。評判標準不僅包含回答的數量，還有這些答案的詳細程度，以及答案間的差異程度。最理想的情況是，你的每個答案都是獨特的，而且其他測試者都沒有想到。不過，完全不切實際的答案並不算數，比如使用磚頭來製造火箭就不行。

這個測試聽起來可能很簡單，但它已被證實可以非常準確反映一個人的創造力水準。我可以證明這個測試並不簡單，尤其是要在有限時間內完成更不容易。這項試驗的最大優點是，它只衡量一個人的創造力，而不是智商。智商高的人並不一定會比其他人做得更好。實際上，他們反而常常在測試中卡住。

聚斂性思考與擴散性思考幾乎是相反的。聚斂性思考不是集思廣益，而是快速找到眾多答案的一個共同點。舉例來說，現在給你三個詞，「中央公園」「現代藝術博物館」「帝國大廈」，要求你快速找到它們的共同點。這三個詞的共同點是，它們都是紐約市的旅遊景點。換句話說，這個問題只有一個或為數不多的正確答案，其餘答案都是錯的。

聚斂性思考比擴散性思考更強調速度和邏輯，並且對於大腦負荷的要求更高。儘管聚斂性思考的目標是找相同點，但它對於創造力、藝術、科學探索都非常重要。

給你的想法一雙腳

多虧了這些測試，我們有了科學證據，能證明運動可以提高創造力。

史丹佛大學的科學家，就這一話題進行了一項更爲巧妙的研究：他們讓一七六名受試者參與幾項不同的創造力測試。有些人在散步後進行實驗（散步組），其他人則在休息後參與試驗（休息組）。

這項名爲〈給你的想法一雙腳：散步對創造性思維的正面影響〉的研究，提供了科學依據來證實我們的猜測。

運動時接受測試的受試者中，有超過八○%的人獲得更好的結果，運動帶來的效果也很顯著。平均而言，散步組的測試結果，有六○%比休息組好，且主要體現在腦力激盪和產生新想法的能力上。然而，聚斂性思考（即找到正確答案或共同標準的能力）卻沒有在散步組中看到改善。這基本上說明了，體育活動似乎促進的是「創新能力」，而不是邏輯。

該研究的合作者瑪瑞莉・阿珮佐（Marily Oppezzo）表示：「我們不能說散步會讓你變成當代的米開朗基羅，但可以在創作的初始階段幫你快速入門。」

運動比環境和氛圍更重要

據說改變一個人所處的環境，可以激發不同的思考方式。當然，這可能有一些道理，但史丹佛大學的研究卻發現，散步地點對於創造力的改善並不重要。一些受試者在大學校園周圍散步，其他人則在跑步機上散步，只有一堵灰色的牆壁可以盯著看。儘管如此，兩邊的創造力都提高了。

爲了驗證創造力的改變是由「散步」而非「周圍環境」引起的，部分受試者被要求坐在輪椅上於校園裡「散步」。換句話說，他們與那些眞正在散步的受試者擁有相同的環境，只是活動量沒有那麼大。

猜猜結果如何？影響創造力的當然不是環境。因爲即使兩組受試者的路徑相同，眞正用腳散步的受試者，其創造力也增加得更多。可見環境的變化對創造力沒有太大影響，而是選擇走路或跑步才有明顯的作用。

運動會改變脾氣嗎？由於運動後情緒有所改善，所以創造力的提升也許是因爲總體感覺變得更好了。但是，情況似乎並非如此。運動後的創造力測試顯示，有的受試者即使在運動後自身感覺不好，也能在創造力測試中表現得不錯。所以說，創造力的改善和自我感覺更好是兩回事。也可以說，新鮮的想法可以透過運動獲得，但不能以改變環境或情緒等情況來取得。

該跑步還是散步？

史丹佛大學研究中的受試者在校園裡散步，但是為了能大幅提高創造力，應該散步還是跑步？

雖然並不能百分百確定，但是可以假設在同等程度下，跑步的效果似乎會比散步更好。的確，運動得多回報也多，但要達到效果，運動時間需要維持至少三十分鐘。理想的情況是，運動後創造力也隨之提高。你可以在散步的同時進行腦力激盪，但是邊跑步邊激發創造力，收穫就沒那麼高了。

我們的創造力會在運動後維持多久？會維持一輩子嗎？可惜不會。創造力的提升是相當短暫的。它會在運動後的若干小時內增加，然後逐漸消失。這時如果我們還需要靈感，就必須再去散步或跑步，就像村上春樹和他的日常跑步一樣。然而，從創造性的角度來看，全力以赴運動到精疲力竭是不明智的，因為這樣做反而不會提高創造力——實驗已經證明，在運動後的創造力測試中，運動過度的人，表現往往更差。

我們尚不明白為什麼創造力的提高只能維持如此短暫的時間，也不知道為什麼我們感到疲憊時，創造力就不繼續往上升級了。目前已知的是，當我們四處走動，流入大腦的血液會增加。一旦大腦獲得更多血液，工作就更有效率，包括創造力在內的認知能力也會提高。然而，如果運動已令自己疲憊時，因爲肌肉在此時需要更多的供給才能達到最佳狀態，所以血液會從大腦轉向肌肉。這時，大腦中的血液減少，便可能減弱思考的能力。

你也許經歷過幾次疲憊到腦子轉不動的狀況？不過這種疲憊後的下降只是暫時的，長期來看，沒有證據顯示創造力會因爲長期的高強度運動而減少。

恰到好處的運動強度

人人都會因爲運動而變得更有創造力嗎？還是有什麼隱藏的因素？沒錯！那就是運動強度要恰到好處，才能看到好的結果。

健康的人如果在騎雙人自行車的同時進行創造力測試，試驗的表現會更好；讓一批不那麼健康的人接受同樣的測試，他們的創造力卻似乎沒有改善。即使運動強度看來不怎麼激烈，運動後幾個小時內，創造力就開始惡化。這可能是由於疲憊使大腦血流減少。對於從來不運動的人來說，即使是不急不趕的運動，也可能讓他們感到筋疲力盡。

所以，你如果想透過運動來提高創造力，就得確保自己的體力充足，這樣才能看到正面的效果。如果你的體力還沒那麼好，卻仍希望透過運動來增強創造力，那麼最好選擇悠閒地散步或慢跑，這樣就不會完全耗盡你的體力了。

天才還是地才？

傳奇作曲家莫札特有封信件被保留下來，上頭解釋他如何不用樂器創作音樂傑作，整個過程看起來非常神奇：他在自己的大腦裡聽到完整的音樂作品，然後再把它們寫在紙上，好像它們已經被編成一首完整的曲子一樣。之後，當交響樂團演奏這些樂章時，聽起來就像他第一次從腦海裡聽到時一樣美妙。

這種藝術天才的巨大創造力無疑非常引人注目。雖然這個故事經常被用以描述那些極富創造力的人，其大腦是如何以一般人幾乎無法想像的方式運轉，但問題是，那封信是假的。莫札特根本沒有以這種方式寫出他的交響曲。所有事實都證明其創作皆有目的，並且創作過程中會使用音樂理論及其他既定的方法來譜曲。他也花了無數個小時來微調不同的樂章，並重新加工、修改、再重新加工……直到他滿意爲止。莫札特的經典之作更像是勤奮的產物，而非胡思亂想的收穫。

另一個類似的故事是牛頓，內容與他構想出萬有引力定律有關。確實像口耳相傳那樣，有一顆蘋果從樹上落下，砸在牛頓的頭上。然而重要的是，他之前研究了數十年的數學和物理學，才想出了這個定律，然後再花了二十年，從被蘋果砸中的經歷裡，推出了完整的理論。

當然，莫札特和牛頓都可能有他們的「恍然大悟」（編按：Eureka。源自希臘，用以表達人們在苦思冥想不得其解之後，發現某件事物、眞相時的歡呼。也譯爲「我發現了」「我找到了」）的時刻。但是事實證明，他們並不是被靈感隨意擊中，相反地，中間都有個漫長而艱辛的過程。這並不表示每個努力付出的人，都可以像莫札特這樣創作經典的音樂作品，或像牛頓一樣爲科學做出開創性的貢獻。但這肯定了我們如果願意嘗試，都可以訓練和調整自己的創作能力。

量變引發質變

你屬於那種能提出大量理論、聯想能力很強、腦力激盪時能提出一個接一個建議的人嗎？或者你屬於那種只提出少數建議，卻能保證個個都是好建議的人？事實上，前者已被證實爲能提出最多建議的好方法。

測試人們在擴散性思考中表現出的創造力時，那些有很多想法的人也同時擁有更多好主意。這雖然看似再明白不過，卻值得仔細探討其中的意義。你如果有很多想法，其中包含一個好想法的可能性就更高，即使剩下的那些不怎麼好也沒關係。可是如果只有一、兩個點子，那麼就很難遇到無法拒絕的好看法。

對於多數人來說，我們必須加倍努力來產生更多想法。莫札特和牛頓的虛構故事削弱了創造力的重要性。運動不僅有利於擴散性思考和聚斂性思考，還有助於爲我們提供思考的能量。當你的身體和精神都因爲運動變得更強壯，你的工作能力也會有額外的提升，就如同村上春樹在他高產量寫作期間所表現的那樣。

因此，經常運動，好的想法遲早會出現。

創造力如何發揮作用？

我們對大腦在創新中所發生的變化，已有了突飛猛進的了解。創作過程不再是某種我們不知道如何操作的黑盒子。我們也已經開始理解，爲什麼有些人比其他人更有創意。

對於創造力的探索，研究人員不僅將研究興趣深入大腦的部分區域，如額葉（更複雜認知功能所在地），還延伸到了大腦內部更深處的區域：視丘。

視丘的資訊分類

我們的大腦不斷在分析大量資訊，像是此時看到和聽到的資訊、手臂和腿的位置、房間裡的冷暖、呼吸時肺部充滿空氣、心跳多快。我們的大腦日夜不間斷地接收這些資訊，但我們只能意識到其中一些訊息，而不能覺察到其餘變化。譬如自己怎麼呼吸或腿如何擺放，儘管這些問題對我們來說很重要，也會保證身體正常運作，我們卻通常不太會去思考。如果這些信號都被傳達到意識之中，那麼除了事件給我們的第一印象之外，我們無法專注於任何事情上。

視丘是大腦的一部分。做爲意識的一種篩檢程式，它能防止我們的大腦被巨額資訊量淹沒。視丘在大腦中的位置，就像自行車所有輻條指向的輪軸中心，而它坐落在如此重要的位置並非偶然。資訊從大腦的不同區域（例如視覺中樞）彙聚到視丘，此時它會選擇讓哪些訊息進入意識。視丘就像一位行政助理，幫助老闆（大腦皮質）選擇應該參加的會議（意識），以及哪些會議可以不用出席。如果視丘不能正常運轉，那麼大腦皮質就有可能因資訊超載而無法工作。這就像無法做出決定的祕書，讓老闆只能一直開會，造成工作效率低下。

跳脫固定的思考模式

如今，我們認爲這種資訊超載，發生在稱之爲思覺失調症（精神分裂症）的精神疾病中，因爲患者與現實失去聯繫，並產生諸如妄想和幻覺等症狀。大家都認爲精神分裂症的成因是大腦同時接受太多強烈的刺激，因此很難判斷現實世界，導致受折磨的患者下意識創建一個與周圍環境不同的虛擬境界，並經常表現出非常奇怪的思維模式。我有時會遇到一些產生極度妄想的人，無論如何都無法跟上他們思考的節奏。

但凡事都有兩面。視丘允許大量資訊通過的做法，並不總是一個弱點或一定會導致精神疾病。它似乎也與人們的創造力有關。

大量的資訊可以引導我們做出合情合理的聯想，並跳脫固定的思考模式。如果我們的大腦皮質和意識接收到許多資訊，從不同角度看待事物的機會也因此增加。

那麼我們的大腦是如何運作的？爲了使視丘的篩檢程式正常運作，我們需要多巴胺（是的，它在這裡也扮演著重要的角色），但不能太多或太少，只能剛剛好。如果多巴胺濃度偏離常規，視丘可能會讓超過正常值的大量資訊通過，導致超載。這樣可能是好事，也可能是壞事。

換句話說，視丘中多巴胺濃度的變化，可能與增強的創造力及精神疾病有關。確實如此，因爲瑞典卡羅林醫學大學的教授和神經科學家弗雷德里克・烏倫（Fredrik Ullen）透過實驗得知，在創造力測試中「擴散性思考」表現較好的人，視丘中的多巴胺受體也較少，這導致他們積攢了高濃度的多巴胺，所以能傳遞更多信號，讓思考更有創意。

有趣的是，思覺失調患者身上也出現相同的情形。儘管他們的視丘中，多巴胺受體看似較少，卻也能在創造力測試中表現得很好，但是相同的情況卻導致他們罹患精神疾病，而不擁有創意思考。

那麼，決定我們最終成爲精神病患者或創意天才的東西到底是什麼？

我們現在還沒有確定的答案。或許是因爲大腦在其他方面已經運轉得不錯，增加的資訊流就可以是種資本，而不是負擔；也可能是大腦具有足夠的彈性來處理資訊增加的壓力，而不必轉而創造其他現實。讓你可以產生很多原創的、新穎的、非同尋常的自由聯想，並且不會變成精神病患者。但是，如果你的大腦無法正常處理事情，也就無法處理大量資訊，那麼就可能罹患精神病，並與現實脫節。

談到大腦的運轉，很少會有「擁有一種能力」或「什麼能力都沒有」的黑白分明情況。所以那些讓大量資訊通過視丘的人，並不是只有創作天才和精神病患者兩種狀態，而是處於兩者之中的灰色區域，同時表現出兩種特質，只是程度有所不同。

創作天才和精神病患者之間存在一條相當寬廣的光譜。有些人可能不得不處理大量資料，但大腦仍然應付得了。在他們生命中的某些時刻，可能會表現出與精神疾病有關的症狀，而在大腦運行正常時，也可以創造出別人夢寐以求的東西。

天才瘋子一線間

歷史上有很多人展示了創造力與瘋狂間的關係。兩個著名的例子是藝術家梵谷和哲學家尼采，他們都極具創造力，卻也都在不同時期罹患精神疾病。

近期的例子則是諾貝爾經濟學獎得主約翰·奈許，他本身就是卓越創造力與嚴重心理問題的結合體。由羅素·克洛在奧斯卡金獎影片《美麗境界》中所扮演的奈許，是世界頂級的數學家之一，恰好也患有思覺失調。他能聽到奇怪的聲音並且妄想自己被跟蹤、被威脅，還覺得同事密謀要對付他。他發現自己的痛苦既是一份上天賜予的禮物，也是一種詛咒。談到自己超凡的創造力時，他這樣說：「如果我能夠正常思考，我將永遠不會擁有這麼好的學術靈感。」

許多極具創造力的人沒有罹患精神疾病，但可以在他們的家族史中找到痕跡。愛因斯坦是我們這個時代最偉大的思想家之一，他有一個罹患思覺失調的兒子；全才的伯特蘭．羅素是哲學家、作家、政治家，他有很多親戚都患有思覺失調；大衛．鮑伊是過去幾十年來的傑出音樂人物之一，他有一位兄弟罹患思覺失調。

這種相關性的一個可能解釋是：創作天才和他們罹患疾病的親戚們，其視丘都面對著巨大的資訊量（也就是一個更強烈的思考流程），但他們之中有些人的大腦可以處理多餘的資料、知道如何使用它們，因此能成爲天才。與此同時，親人們的大腦不那麼有彈性，就罹患了精神疾病。

加速你的思考和處理的能力

額葉對我們來說似乎是非常重要的，它引導源源不絕的想法通過視丘，並從中獲得一些東西。運動能在短期內增加大腦血流量，使額葉能好好地發揮作用，促進我們把想法轉化爲實際的東西。

此外，運動不僅影響我們處理這些想法的能力，也可以影響思考本身。目前仍不確定究竟這過程是由什麼類型的機制負責，但有可能是身體的活動影響了多巴胺，而這對於視丘的過濾功能極其重要。但是多巴胺既非多多益善，也不是越少越好。大腦的整個系統非常複雜，強調某樣東西太多或另一樣東西太少的理論，往往過於把問題簡單化。相反地，一個比較好的觀點是：不同的系統間或多或少都在磨合，而運動能微調多巴胺的控制系統，繼而影響你的感覺和視丘通過的資訊量，進一步影響你的創造力。

很多人天生就有不同程度的創作天賦，這是我們無法自行決定的。然而，擁有這種天賦後的所作所爲，則完全取決於我們自己。即便有許多對創造力很重要的因素，但運動事實上是最重要的因素之一。

你在工作上遇到棘手問題嗎？你是否難以找到寫書的靈感或宣傳新公司的好點子？如果是這樣，那就去跑步吧！如果跑步可以爲村上春樹和貝多芬創造奇蹟，應該也能幫助你我。

快樂處方箋

提升創造力的正確妙方

- 跑步或進行同等活動量的運動，是提升創造力的最佳方式。散步也很好，只是不會那麼有效。
- 至少跑二、三十分鐘。之後你會感受到運動對創造力的影響，這會持續約兩個小時。
- 不要運動到筋疲力盡。雖然在極端高強度的運動後，創造力不會長期減少，卻會持續幾個小時。
- 確保你的身體健康，因爲在健康的情況下，運動對創造力的影響最強。
- 運動主要是提高腦力激盪的能力，但效果可能因人而異。

第七章

成長中的大腦

為了充分發揮孩子們的潛力，應該讓他們多運動
——凱瑟琳．戴維斯

國際學生能力評量計畫（Programme for International Student Assessment, PISA）是一個國際通用的測試計畫，專門用於比較不同國家十五歲學生的學習能力。

二〇一三年十二月，PISA公布的最新測試結果，對瑞典來說是個出人意料的消息。因爲瑞典學生的表現不僅比前幾名的韓國、新加坡、香港等地學生落後很多，與其他經濟合作暨發展組織國家的學生相比，也低於平均，並且在北歐鄰國中排名墊底。瑞典學生的數學、閱讀、科學的水準都處於特別差的狀態。最糟糕的是，我們的發展還背道而馳——瑞典是排名下降最多的國家。

此後，瑞典國內發生激烈辯論，許多人似乎對如何扭轉這種局面很有想法。但在我看來，應該減少對教學方法和班級規模的關注，而是讓學生多活動——這才是能對兒童的記憶和學習能力產生巨大影響的變因。現在的孩子們，根本沒有得到足夠的體育教育。

影響兒童學習水準的，不僅是課堂上所教授的內容。研究結果清楚顯示，運動能增強兒童和青少年的學習能力。校園的體育活動比足球場或體育館裡的比賽重要多了。體育課可不是爲了贏球，或讓孩子們擅長某種運動，而是爲了提高他們學習數學和英語的能力！

更多堂體育課，更高的數學成績

最有說服力的科學證據顯現，運動可以提高兒童基礎教育三要素（閱讀、寫作、算術）方面的學業成績。這些學生並非來自美國常春藤盟校，而是瑞典南部斯堪尼省的本克弗盧（Bunkeflo）。

科學家在這觀察了同一所學校裡，兩個班級小學生參加體育活動的情況。一班是實驗組，另一班是對照組，他們被要求每週在體育館參加兩次規定好的體育課程。而除了參加體育運動，基本上這兩個班的孩子在各方面的條件都相當：都住在同一地區、就讀同一所學校、學習相同的科目。

接下來發生了什麼事？身為初學者，那些每天去上體育課的孩子，體育成績比其他人要高。這是當然的。但是，令人出乎意料的是他們在數學、瑞典語、英語方面的表現也更好，而且他們還沒有接受任何相關的額外輔導。

這種影響持續了很多年。九年級畢業時，運動班的孩子中，拿到好成績的人數比對照班多。這些影響在男孩中特別明顯。通常，女生的成績會比男生好，但在參加體育課的孩子中，這種性別差異卻不太明顯。

除了運動，沒有其他方法能達到這種成果。

除了斯堪尼省，在其他地區的研究中也看到類似的現象。美國科學家在觀察二五〇名三年級和五年級的小學生時，也注意到這一點。在這項研究裡，他們採用一種測量技術，將心血管健康、肌肉力量、敏捷性也考慮在內，以便全方面評估受試者的身體健康情況。當然，他們也測試了孩子們在學業上的表現。

此項研究的結果也很明確：身體健康的孩子，在數學和閱讀理解方面表現更好，也就是「越健康，成績越高」。超重兒童的情況則相反：體重越重，考試成績就越差。人們曾普遍認爲，超重兒童更具有學術頭腦，而活躍的兒童都腦袋空空——這點已被證明毫無根據。

單單從二五〇名美國學生和斯堪尼省的兩班學生就得出結論，是否太片面了？在美國內布拉斯加州，有將近一二〇〇〇名兒童接受測試，結果顯示，身體更健康的兒童，在數學和英語方面的成績要好於那些不怎麼健康的兒童。然而，美國主要的超重健康問題，此時並沒有改變測試結果。超重兒童的得分並沒有比正常體重兒童低。

那麼，運動如何讓孩子們的數學和語言能力變得更好？正如第五章〈跑出好記性〉提到的，運動使成年人的海馬迴（記憶和情緒控制中心）進一步成長，而兒童的海馬迴似乎也因運動而生長。

以磁振造影檢查十歲兒童的大腦時，發現身體健康的孩子大腦裡，最重要區域之一的海馬迴體積也更大。這些變化與健康兒童在記憶測試中表現得更好，有著密切關係。因此，可以說健康的身體狀況，會得到更大的海馬迴和更好的記憶測試結果。

更重要的是，在簡單的記憶測試中，差別不是太明顯。但是測試越複雜，孩子的身體狀況好壞會造成越大的差異，身體好的孩子表現更佳。

運動一次就見效

正如運動能對成年人的大腦產生即時的影響，它對兒童的大腦也會迅速產生強烈的作用。

讓九歲的孩子運動二十分鐘，他們的閱讀能力明顯變得更好。沒想到這麼短時間的運動，竟然改變了孩子們的學習能力！目前尚不確定這種情況發生的原因，但我們確信，兒童的注意力在運動後會立即得到改善。因此，我們可以假設，注意力在提高學習能力上發揮著重要作用。

就像要研究改善成年人的健康狀況，需要一定的最少運動量，我們也研究了如何透過最短時間的運動改善兒童的注意力。結果相當令人驚訝！

讓青少年慢跑十二分鐘後，他們的閱讀理解和視覺注意力都有所改善，並持續了將近一個小時。事實上，只需要活動四分鐘（是的，你沒看錯），就可以提高專注和警覺的能力，讓十歲的孩子也不分心。

運動能改善的不僅是兒童的注意力和記憶力。我們現在已經知道，四歲至十八歲且常運動的孩子，幾乎所有認知能力都因運動而有所增強。處理多重任務、工作記憶、注意力……等一切都可能變得更好，就連決策能力（即執行力）也是如此。

執行力聽起來似乎只是公司董事需要具備的特質。然而，即使是孩子也需要有主動性和決策能力。因爲就連他們被手機等事情分心時，也需要能夠計畫、組織、專注於自己現在所做的事情，阻止自己被感受到的每一種衝動所支配。因此，這樣說並不輕率——想讓孩子們取得良好的學業成績，執行力是必要的。

壓力較少的孩子

童年時期參加體育活動，確實會對後來的人生帶來正面的影響，而且不僅限於學業上的成功和必要的執行力。孩子們同時對壓力也會變得不那麼敏感。

科學家研究了二五八名芬蘭的二年級小學生，以了解他們對壓力的反應，以及在壓力面前表現出的脆弱性與運動程度之間，是否有相關性。直接問九歲兒童平時的運動強度，通常不能得到可靠的答案，所以他們替每個孩子都配備了計步器。他們透過模仿日常出現的壓力，來測試孩子的抗壓程度，例如在做算術題時規定時限或在公開場合做報告——這些對兒童和成年人來說，通常都被視爲高壓任務。

事實證明，運動與抗壓力有很明顯的關連。

沒走路的孩子對壓力表現出強烈的反應，但這些每天走很多路的孩子卻表現得更平靜，皮質醇的濃度也並不像久坐的孩子那樣，會在算術和演講的高壓情境下上升許多。皮質醇濃度保持穩定，是強而有力的證據，表示運動的孩子更能適應壓力。

如果你閱讀這些研究時感到內疚，特別是你的孩子對健身房或運動不感興趣，並且沉迷於電腦。我完全能理解你的心情。但該如何讓他們動起來？一個還不錯的出發點是：讓孩子們選擇自己喜歡做的事情。

美國的科學家試圖採用這種策略，讓缺乏運動又常久坐的超重小學生，放學後持續地聚在一起活動身體。爲了讓孩子們運動，科學家讓孩子們選擇自己喜歡的活動——什麼類型的體育活動都可以。有些孩子選擇跑步，有些孩子選擇跳繩，還有一些孩子選擇打球。結果，這些孩子們的數學成績在沒有額外補習的情況下就自動提高了。而且運動量越大，成績的進步就越明顯。

有些孩子才運動二十分鐘，數學程度就提高了。但進步最多的孩子至少運動了四十分鐘，並且心率也明確達到每分鐘一五〇次的最佳水準。

這些運動所帶來的正面影響，並不僅體現在提高數學程度。研究人員對超重孩子的大腦進行磁振造影檢查，他們都是原本不喜歡運動，被要求參加這個活動的孩子。結果檢測圖像顯示，負責抽象思考、注意力、計畫的前額葉皮質活躍度已經上升。

該研究的作者以無法量化、難以表格化呈現的方式，總結此發現：「爲了充分發揮孩子們的潛力，應該讓他們多運動。」

短期與長期影響

當我們把所有證據都放在一起看，就可以發現運動對兒童大腦的短期或長期影響都很明顯。透過一次運動，孩子的注意力時間長度、強度和閱讀理解能力都可以提高，而且效果會在持續若干小時後再慢慢減弱。而讓孩子們規律運動幾個月的話，更將長期受益。這點跟成年人獲得的效果是一樣的。

同樣地，孩子們選擇什麼運動並不重要，跑步、比賽、打網球或足球，對孩子們來說都有同樣正面的作用，關鍵是提高心率。因此，重點不在於孩子們以哪種方式活動身體，而是要「動起來」。

從大腦發育的角度來看，年齡會影響運動帶來的效果嗎？我們目前還不知道詳細情況，但許多線索都透露，小學生從體育活動中獲益更多。

運動可以加強孩子大腦的不同區域

現在，我們知道運動如何增強成年人的大腦，也知道孩子的大腦會因體育活動而有所改變。此外，更知道大腦本身是如何變化的。

大腦中有灰質和白質兩部分，其中灰質也稱大腦皮質，在大腦的最外層。它的厚度僅有幾公分，而且也不是灰色的，反而更接近粉色，因爲這一部分有許多爲大腦提供血液的血管。人類的複雜思考活動都發生在這裡，大腦所接收的資訊也分門別類儲存於此。即使它只占大腦體積的四〇%左右，其能量需求卻是大腦總能量需求的九〇%以上。因爲這樣獨特的能量消耗，人們覺得灰質是「奇蹟」的發生地。

灰質下方是白質，能在大腦的不同區域之間傳遞資訊。白質由神經細胞的長突出物組成，也稱爲軸突，讓腦細胞可以透過它們相互通信。如果把灰質當成電腦，白質則是連接電腦的電線，傳遞信號到各電腦。白質的蒼白色，是因爲神經細胞具有絕緣體性質的髓鞘，裡頭含有大量脂肪，而髓鞘能改善腦細胞之間的訊息傳導。

灰質和白質對我們的身體機能都至關重要。的確，灰質負擔了大腦中多數繁重的工作，但如果白質裡的軸突不能發揮作用並傳遞信號，大腦將無法正常運作。這也滿合理的，畢竟所有零件都連接正常，電腦才能運轉。

對經常參加體育活動的孩子來說，灰質和白質哪部分變化較大？答案是：都一樣！人們首先在海馬迴中發現灰質的生長（海馬迴也是灰質的一部分）。然而，運動也能強化白質。

經常運動的兒童，其大腦的白質會像灰質一樣，變得更厚更緊實。這基本上表示：白質變得更有效率了。站在科學的角度，這稱爲「大腦白質完整性」（white matter integrity）。

回到那個把白質比做電線，連接多部電腦的例子。在經常運動的兒童大腦中，這樣的連結運轉得更好，也就是說：大腦不同區域之間能更有效地交流資訊，使整個大腦運轉更順暢。

灰質當然是認知能力不可或缺的一部分，但白質似乎也一樣重要。事實上，白質與學習成績有著特殊的關連。科學家用一種特殊的磁振「擴散張量影像」（Diffusion Tensor Imaging, DTI）檢測小學生的大腦，結果顯示大腦左側的白質與數學能力有關。我們不能確定，強化白質是否就一定能讓孩子在學校有更好的表現，但仍然有充分的理由相信，這麼做對學習有所幫助。

好在運動對白質（大腦的電路系統）產生的益處不僅限於兒童，任何年齡的人，似乎都能從運動中讓白質獲得不少好處。年長者的白質狀況，就與其運動的積極性有很密切的關係。對白質影響最大的不是劇烈運動，而是日常活動。只要不是天天坐著就好，沒有必要爲了健腦而去跑馬拉松。

思維敏捷靠雙腳！

站立式辦公桌目前在辦公場所變得很受歡迎。對於大多數人來說，選擇站著辦公的最大理由是，可以在工作的同時燃燒額外的卡路里。確實，站立比坐著多消耗了差不多兩倍的熱量，但是站著辦公對燃燒卡路里的幫助，遠遠不如對大腦的影響。無論你是在學校還是在辦公室，站立的主要好處就是——讓大腦運轉更好。

科學家用一系列的認知實驗測試七年級學生的學習能力。在學校開始使用站立式課桌後，學生們表現出更集中的注意力、更好的工作記憶和執行力。這些測試囊括獲得好成績所必備的素質，例如閱讀理解、記憶知識、按部就班解決問題。站立式課桌讓測試結果出現顯著差異，學生的認知水準平均提升了一〇%。

當然，科學家們並不滿足於這些認知測試的結果。他們還透過磁振造影掃描學生們的大腦。（我猜，你現在已經注意到這類研究的一貫模式：先進行心理測試，然後進行磁振造影掃描，以了解大腦如何運作）測試結果甚至看起來很熟悉：那些進行掃描前一直站著的孩子，其大腦額葉的活動恰好有所增加，這些區域對於工作記憶和執行力非常重要。

科學家們在站著上課的孩子身上，觀察到類似的結果——額葉的活動強度增加，代表擁有更好的工作記憶和注意力。這點和在跑步、走路、活動身體的成人和兒童身上看到的一樣。

結論很簡單：思維敏捷靠雙腳！在學校，站著上課的孩子能擁有更集中的注意力、更優質的學習力。

讓肌肉與頭腦並存

就在幾年前，還沒有多少人相信，運動居然可以如此大幅度地改變兒童或成年人的大腦。但我們現在已經了解，運動能幫助我們的抗壓力更強，還會改善記憶力、變得更有創意且更專注。這些都是認知或心理層面的能力，而智力是同時衡量所有認知能力的標準。如果四處走動可以增強認知能力，那麼運動應該就會提高我們的智商。

是這樣嗎？運動能讓我們更聰明嗎？如果是這樣，那就太完美了。

早在一九六〇年代，科學家們就開始研究運動是否可以提高智商。但事實證明，這研究說來容易，要實行卻很難。困難點在於，我們不知道是先有雞還是先有蛋。也就是說：若結果顯示身體健康的人也非常聰明，就無法知道這是因爲運動讓他們更聰明，還是聰明人更願意運動。

幸好，一百多萬名瑞典男性替這一謎題提供了重要的解決線索。直到幾年前，所有年滿十八歲的瑞典男性都必須服兵役（編按：瑞典國防部於二〇一〇年廢除義務兵役制，但七年後因兵力短缺等因素，再次恢復義務兵役制）。在剛入伍的幾天內，科學家們對新兵進行了一系列測試。

科學家透過讓新兵騎自行車來測試耐力，而踏板的阻力會在測試過程中不斷增加。我自己也親身體驗這項測試，而且記得它非常難，下車後我幾乎站不起來。自行車的測試結束時，緊接著是肌力測試、心理評估，並以智力測驗收尾。

在二十六年裡，有超過一二〇萬名十八歲的年輕人完成這些測試。最近發表的結果顯示，運動和智商有著非常明確的相關性：平均而言，健康的年輕人更聰明。那些在健康測試中表現良好的人，智力測驗的得分也比那些不太健康的新兵來得更高。

運動能讓我們變得聰明嗎？

到底是運動讓這幫年輕人變得更聰明？還是聰明的新兵運動起來比其他人更有效？

爲了回答這個問題，科學家們研究了一組同卵雙胞胎。畢竟，要說哪個因素最能解釋你的智商，那就是你父母的智商，因爲在很大程度上，智力與遺傳有關。而同卵雙胞胎的基因完全一樣，並且通常在同一環境下成長，所以智力測試的得分通常會差不多。

在參與研究的數百萬名軍人中，總共有一四三二對同卵雙胞胎。其中有幾對雙胞胎一個身體健康，另一個卻不怎麼健康。身爲同卵雙胞胎，他們應該有相似的智商，但結果卻並非如此。因爲身體比較好的那一位，智力測試中的得分通常比不那麼健康的那位高。因此，身體健康與否和智力測驗獲得的結果相關，即使在同卵雙胞胎中也是如此。

整體來說，所有證據都指向同樣的結論：我們如果運動，就會變得更聰明！不過，耐人深思的是，只有「長時間運動」才能提高智力測驗的得分，那些肌肉發達的新兵，測試結果並沒有比較好。

智力測驗測量如詞彙理解、數學和邏輯推理、解讀立體圖形的能力，這些都與身體的健康程度成正相關，特別是邏輯和詞彙理解的相關性最強。

今天，我們知道大腦的海馬迴和額葉，對邏輯思維和詞彙理解特別重要，而這種強烈的相關性，與運動對這兩個區域的強烈作用有關。

賺更多、更快樂的成年生活

看來，軍人的研究資訊對科學家來說是座眞正的金礦，讓他們可以從中尋找各種有趣的相關性。

例如，他們發現十八歲時的身體健康狀況較佳，會有較高的教育成就，而且四十歲左右時的工作薪資也更高。身體健康的年輕男性，也比較不會憂鬱，罹患臨床憂鬱症機率也較低，因爲紀錄顯示他們在年齡增長後，企圖或出現自殺行爲的機率也較低。不光是沒有精神障礙，身體健康對大腦也有其他顯著的積極影響。像是健康的十八歲年輕人，往後罹患癲癇或失智症的風險也都比較小。

「他們能擁有這些，全因十八歲時身體健康」並非是我想表達的。而是你十八歲時的身體狀況，對自己三、四十歲時的人生很重要。

爲何總是知易行難？

我在閱讀這些科學論文時花了很多時間，但有時看到這種類型的研究時，卻很難保持興趣繼續閱讀下去，彷彿我無法消化它們一樣。可能因爲這些研究的結果好到很像假的——

孩子們每天僅僅運動十五分鐘，就可以提高閱讀理解力和算術能力，不需要接受任何課外補習！

如果你和我有一樣的感覺，請再堅持一會兒，仔細想想剛剛讀到的內容──「孩子的大腦會因爲運動而運轉得更好」，讓這樣令人難以置信的想法漸漸滲透進你的大腦。

就像你的肌肉會因舉重而增加，經常運動的孩子，大腦裡的灰質和白質功能也會因此有所強化。運動可以讓兒童和成年人變得更聰明嗎？可以的！這是鼓勵孩子放下平板電腦和手機，參加體育活動的最佳理由，因爲哪有父母不希望孩子變得更聰明，擁有更強健的大腦？

你是否對本章所闡述的研究結果吃驚不已？其實我也是。實際上，我也非常驚訝運動的功效原來如此強大，所以不得不把這些文章多讀了幾次，以確保自己的理解是正確的。

我們應該問問自己，爲什麼沒人知道這項研究？要解說原因，只須一個字──「錢」。

就如同〈眞正的快樂藥丸〉一章中，針對運動對憂鬱症的影響所探討的。

如果有種藥物，甚至是保健品，能達到這樣的功效，早就被義無反顧地推向市場，每個人也或多或少聽過這種藥。奇怪又有點可惜的是，並非所有人都知道兒童和成年人的大腦會這樣從運動中獲益。

與藥品、保健品、電腦遊戲、認知訓練方法不同，戶外玩耍、步行、跑步等體育活動是免費的。運動透過一系列的正面影響，使我們的身心獲得「買一送一」的收益，這可是世界上任何保健品都比不上的效果。

快樂處方箋

開給兒童和青少年的絕佳妙方

- 提高心率似乎對大腦特別有幫助。嘗試進行讓心跳達到每分鐘約一五〇次的運動，看看效果如何。
- 運動要達到一定的強度。目標不一定是健身，所以玩遊戲也同樣能有幫助。成年人應該注意，重點不在於孩子該做些什麼，而是他們統統「動起來」！
- 為了獲得最佳效果，孩子們最好活動三十分鐘以上。

- 短時間、高強度的運動很重要。兒童和青少年活動十二分鐘後，閱讀理解力和注意力就會提高。哪怕只活動短短四分鐘，只要達到慢跑的強度，注意力就會更集中。因此，最重要的是動起來，即使只動幾分鐘。
- 一次持續十至四十分鐘，中間若有短暫休息，能在短時間內提高記憶力、閱讀理解力，以及注意力的時間。
- 每週活動幾次身體，這樣持續兩、三個月，就會產生持久的效果，例如獲得更強的算術能力、更高的創造力和更好的執行力（計畫、主動性、注意力、衝動控制）。

第八章

健康不老化的大腦

我每天散步、慢跑、快跑至少四小時，
這讓我的身心保持活躍。
——108 歲的金氏世界紀錄
最高齡馬拉松跑者富亞．辛格

要舉例說明衰老如何影響大腦功能，能舉出很多很多個。衰老所帶來的變化不僅在於記憶力的減退。隨著年齡增長，大腦的運轉速度也會更加緩慢，類似注意力和多重任務處理的認知功能也會減弱。透過研究大腦如何工作，我們也開始漸漸認識年輕人和老年人在心智上的差異。

有一種名爲史楚普效應（Stroop Effect）的實驗，會將一個顏色的單詞以非其所代表的顏色顯示。例如，「藍色」這個單詞用「紅色」來顯示。受試者必須快速識別單詞是用什麼顏色顯示的，以考驗注意力和決策力是否能超越單詞含義帶來的慣性。如果在測試時檢查受試者的大腦，會發現前額葉皮質被啓動了。這樣的結果也在意料之中，因爲那一部分是大腦進行決策、聚焦、控制衝動的關鍵。

一般來說，老年人在史楚普效應的實驗中，表現會比年輕人差，因爲他們經常難以抵禦單詞本身含義的干擾，而無法迅速識別用來顯示單詞的顏色。因此，這個測試能有效引起大家關注年輕人和老年人大腦之間的差異。

在年輕人的大腦中，只有前額葉皮質的某些部分會在接受測試時被啓動，並且通常僅在左側；七十歲的老人進行實驗時，前額葉皮質會有更大一部分被啓動，並常出現在大腦兩側。這可能表示，老年人進行這項測試時需要付出更多心思、需要更多大腦區域湊合著用。這一點也不奇怪。因爲就像年輕力壯的人能夠用單手舉起一把椅子，不那麼強壯的老年人則需要兩隻手。

科學家將這種「同時使用兩個半腦」的現象命名爲HAROLD（編按：hemispheric asymmetry reduction in older adults, HAROLD。由於腦部的訊息處理能力下降，需要另一側參與協助）。有趣的是，身體健康的七十歲老年人實驗時卻沒有表現出這種傾向，只有半邊大腦被啓動，甚至前額葉皮質參與的區域都較小。他們的大腦就跟年輕人一樣。此時的情況就是：肌肉發達的七十歲老年人依然可以用單手舉起一把椅子。因此，即便是上了年紀的健康人類，在進行史楚普效應實驗時，也只需要使用一邊的大腦。

這個實驗顯示，他們不僅可以使用較少的大腦區域來完成任務，還能擁有超出同齡人水準的表現。

大腦老化可以停止

這些七十多歲的人所參與的HAROLD實驗，只是眾多測試中的一種。但這一類測試都顯示，運動似乎能中止大腦的衰老進程，而且效果顯著。正如前面所提到，在常運動的人身上，海馬迴並沒有隨著年齡的增長縮小，反而長大了。這同樣適用於大腦的老闆——額葉。它就像海馬迴一樣會逐漸縮小，讓我們的心智也隨之受損。然而，只要運動就可以阻止額葉的萎縮。

事實上，額葉的萎縮程度與我們消耗的能量有關。對經常運動且消耗龐大能量的人來說，隨著年齡增長，額葉的衰老速度似乎變慢了。額葉是最高級認知功能運作的地方，這表示他們的思考竟然能不受影響！相比之下，那些沒有燃燒大量卡路里的人（也就是經常久坐不動的人），其額葉的萎縮速度就快很多。快速在跑道上繞幾圈不會改變額葉衰老的速度，因爲這裡說的是幾年裡（甚至幾十年）累計消耗的卡路里。要減緩額葉老化，不能只靠偶爾在家附近慢跑一次。

樣本數夠多，是醫學研究的一個優勢，因爲這樣能降低得出謬論的風險。因此，科學家在二十年內追蹤大約兩萬名七、八十歲的女性。結果發現，那些經常運動的人，其記憶力明顯比那些久坐不動的人更好，專注度也更加突出。兩種人之間的差異已經明顯到，經常運動者的大腦看起來比不運動的同齡人年輕三歲，心理年齡更比實際年齡平均小三歲。

如前所述，我們不需要太努力，每天散步二十分鐘就足以對大腦造成影響。

迷失方向的飛行員

對某些人來說，具有完整的認知能力不僅對正常生活很重要，對工作能力也非常關鍵。隨著年齡增長，我們會逐漸無法集中注意力、不再能一次處理多重任務，也會難以做出良好的判斷，這表示我們可能再也無法勝任自己的工作。

就認知能力在工作中的重要程度而言，很少有職業像飛行員一樣，極度需要認知能力。因此，史丹佛大學的一組科學家決定追蹤一四四名飛行員。他們必須每年在模擬器中測試自己的飛行技能，科學家便藉此觀察他們對一系列潛在危險的反應，如發動機故障、起落架故障、在錯誤的領空遇見另一架可能與之相撞的飛機等等。這些飛行員須接受評分，測試分數的高低表現出他們處理不同類型挑戰的能力。

經過幾年的連續測試，可以發現這些飛行員的技能隨著時間逐漸受損。這也是意料中的，因為人的大腦總會老化。然而，卻有一組飛行員的技能衰退速度是其他人的兩倍。當科學家檢查該組飛行員的基因時，發現很多人身上控制大腦養分BDNF的基因發生突變，而且與其他飛行員相比之下，他們的記憶中心海馬迴萎縮速度更快。

這種突變存在於三分之一的飛行員中。因為很多人都攜帶這種基因，所以估計約有三〇%的人，其基因可能使他們的大腦更快變老、海馬迴縮小得更快，智力也下降得更快。

有什麼辦法可以避免這種情況發生嗎？

既然生來就有一套無法改變的基因，它又恰好在身體裡發生突變，那麼它將一直存在身體裡。但是，可以透過運動來刺激大腦產生大量的ＢＤＮＦ，其中又屬短時間的劇烈運動（比如間歇運動）效果最佳。進行這項研究的科學家在接受採訪時說：「運動能顯著提升大腦中的ＢＤＮＦ濃度。」

我們也可以肯定地說，運動在一定程度上維持了我們的心智能力。尤其對那些基因註定會快速衰老的人來說，開始運動是非常重要的。

運動真的能提升飛行員的飛行技能嗎？我個人希望在得出任何明確的結論之前，先尋找到適當的科學證據。所以目前我的回答是：請拭目以待。

不過我們沒有理由否認運動的好處就是了。

記憶塑造了你

所有會隨著年齡增長而逐漸衰退的認知能力裡，記憶力的減退是最明顯的。擁有好記性並非只是可以記得鑰匙放在哪兒、昨天有什麼新聞。你的記憶把你所經歷的一切事情，轉變成你的觀點。基本上，現在的「你」是由你的記憶力塑造。你所做的每個決定，從選擇穿什麼顏色襪子的瑣事，到未來的職業走向和居住地，都和你過去的經歷有關。

做決定的時候，我們的記憶會對比過去的每段經歷。記憶讓我們繼續生活。如果記住事情的能力消失，我們就會變成毫無思想的個體。接觸過失智症患者的人就會知道我的意思。隨著記憶能力的瓦解，這個人會成為過去自己的影子。因此，比起單純增加我們在記憶測試中背誦的單字量，鍛鍊記憶力牽扯到更多重要的東西。

審視運動如何影響記憶時，很難不提起失智症有多普遍。目前，有超過五百萬名美國人患有阿茲海默症。這也是一種失智症，全世界每七秒就有一人被診斷出患有此疾病。照這樣發展下去，到了二〇五〇年，將有一．五億人罹病。這些數字和這個疾病一樣嚴重。

由於受這種疾病影響的人數眾多，藥廠一直在失智症的研究上投入大量資金，每年更有數十億美元專門用於開發相關藥物。不幸的是，如此龐大的花費也沒有達到多好的效果，因爲截至目前爲止，仍然沒有任何有效的藥物能治療失智症。

散步預防失智症

科學家們不像藥廠有那麼多經費研究如何阻止失智症發病，但是他們依然得到了驚人的發現。幾年前，他們發現每天散步可以降低四〇%的失智症罹患率，令人失望的是，當時的媒體並不關注這項驚人的成果。

但是，如果有種藥能發揮這種效果，它一定會成爲史上最暢銷的藥品，也會是繼抗生素之後最具開創性的發明。開發出這種藥的科學家更會因此拿下一座諾貝爾獎。我們如果知道這種藥的存在，一定會爭先恐後地將此藥拿給自己的親人或自己服用，以預防罹病的機率。

不過，就像前面提到的，科學家們發現的並非是眞正的藥物，而是散步三十分鐘這個方法。還不用每天都走，一週五次就夠了。

這項巨大的成果不僅遭到媒體忽略，還被很多醫生忽視。很多科學家和醫生只關注他們自己的研究，比如尋找阿茲海默症的致病基因。相關基因的研究確實是重要的，畢竟它是阿茲海默症的主要病因之一，確診患者的親屬同樣罹病的可能性會比較高。但是對大部分的人來說，基因並沒有運動重要。研究明確顯示，需要擔心得失智症的是久坐不動的人，而不是那些父母或祖父母患有失智症的人。

可悲的是，許多失智症患者的家屬認爲，得病是命中註定的，運動與否一點都不重要。這眞的很糟糕，因爲對他們來說，運動尤其關鍵！多數人的確可以透過規律運動，克服自身的遺傳厄運。

眞正令人費解的是，爲什麼媒體不願意宣傳運動的好處？

可能是因爲遺傳和藥物研究總被認爲是非常高科技的東西，這樣的產品會激發集體想像力，從而被媒體所報導。相較之下，定期散步的益處雖然很大，但聽起來比較平淡乏味。我們一開始都覺得，投入大量資金研發的藥物應該是比散步更有效的產品。但事實並非如此！從實際情況看來，散步依然是治療失智症的最佳良藥。

給大腦一個更好的生活環境

散步為何能如此有效預防失智症？理論上，不是應該玩填字遊戲、數獨這一類的智力運動來鍛鍊大腦嗎？怎麼是運動雙腿？然而，每天散步一次的效果，卻遠大於每天做一次填字遊戲。這不僅能預防失智症，還可以保護其他所有認知能力。

我們的大腦在散步或跑步時，並沒有停止運轉，反而同時在處理眾多心智歷程：綜合處理各種視覺刺激的同時，運動中樞得調節身體的移動，然後還需要知道自己身處的地方和下一秒要去的地方，這些都需要更多大腦區域參與。例如打網球這種複雜的運動，便需要更多大腦系統同時參與。和在紙上寫寫畫畫、主要由語言中樞參與的填字遊戲相比，運動要花更多腦力。

此外，我們的大腦並不是一個封閉的結構，而是「泡在」各種經過微調與相互影響的營養物質和生長物質溶液中。為了讓大腦愉快地「沐浴」在各種營養液中，流經大腦的血壓必須穩定、血糖和血脂濃度也必須保持平衡、身體內的自由基數量不能太高，也不能有過度的發炎症狀（人體內總有一定程度的發炎）。現在我們知道，活動身體時，這些因素都受到正面的影響。這表示，運動的人有著更適合大腦的理想環境。

身體和大腦並不是兩個獨立的個體。運動會對身體產生許多正面影響——如穩定的血糖和低量的自由基，進而得以強化大腦。一顆強壯的心臟會輸出足夠血液，爲大腦提供所須的能量。俗話說「健康是生命之本」，這可不是陳腔濫調，而是事實。

那麼，需要多大的運動量才能降低罹患失智症的風險呢？科學研究顯示，以步行或慢跑來界定運動強度，每週一五〇分鐘，或每週五次、每次半小時即可；每週跑三次，每次二十分鐘也可以獲得同等的效果。

目前還不確定重量訓練對失智症有什麼好處，所以最好還是持續進行已被證實有效的事情：走路或跑步，而不要去健身房練肌肉。

運動會保護你的記憶，避免它消散再也找不回。雖然年紀會損害多數人的記憶力，但有些記憶喪失則與失智症本身沒有任何關係。主要原因在於海馬迴的萎縮、流經大腦的血流減少、大腦不同區域間的聯繫減弱。但如果我們保持運動的習慣，就能明顯減緩這些過程發生的速度。無論是否深受失智症所苦，運動都能替你踩剎車，阻止大腦衰老並改善記憶力。

健康老化

加拿大運動明星歐嘉·柯黛格於二〇一四年六月去世，享耆壽九十五歲，一生獲得令人難以置信的豐功偉業，其中包括超過三十項世界紀錄和七五〇面金牌。

你沒聽過她的名字嗎？這並不奇怪：歐嘉直到七十七歲才開始接受專業的田徑訓練。她最喜歡的兩個運動項目是跳遠和百米衝刺。在她度過九十歲生日之後，便被認定爲世界上最年長的跳遠運動員。在她職業生涯的最後幾年，她的競爭範圍縮小了許多。事實上，她通常沒有任何競爭對手，只要參加比賽就能獲得金牌。

過了七十五歲還在參加體育訓練和比賽的人確實很少，這個年紀才開始進行這種專業訓練的人，更是寥寥無幾。這就是爲什麼有一群科學家問她，能不能透過磁振造影檢查她的大腦。科學家們想要知道的是，運動是否會影響高齡者的大腦，以及具體影響的方式又是什麼。

歐嘉同意接受檢查。科學家把她的檢查結果與其他九十多歲的人（平時基本上處於安靜狀態，不會參加體育比賽）比較，結果發現歐嘉的大腦更健康、有更大的海馬迴和漂亮的白質。她的大腦並不只是看起來很好，就連記憶也遠遠優於同齡者。

我們不能自然而然認爲是運動讓歐嘉處於更好的狀態，也有可能是她從一開始就已經和同齡者不一樣了。然而，她的運動量對其大腦的健康狀況來說，是一個更合理的解釋。

歐嘉的高強度運動被科學家稱爲「身心健康老化的完美典範」。她證明了從大腦的角度來看，開始運動永遠不會太晚。無論幾歲進行運動，大腦都會變得更強壯。而且，你並不需要以打破任何世界紀錄或贏得獎牌爲目標。

藍色寶地

世界上有些地區的長壽人口比例很高，多數人都能活到歐嘉．柯黛格的年紀，甚至更久，而且也不會罹患失智症。這些神祕的地域被我們稱爲「藍色寶地」：義大利的薩丁尼亞、日本的沖繩、哥斯大黎加的尼科亞半島、瑞典的斯莫蘭（Småland）。

這些地方有什麼長壽的祕方？爲什麼這麼多百歲老人都有如此好的記憶力？

當科學家企圖找到這些地方的長壽奧祕，他們發現一些有趣的東西。首先，藍色寶地都不在大城市，反而座落在小社區或遙遠島嶼上。那裡的人們有密切的社會連結，多半是幾代人一起生活，很少有人獨居。此外，這些地方的人不會吃太飽，而是管控飲食熱量，但也沒有節食。另一個常見因素是，藍色寶地的人們經常運動（日常活動），而不是高強度的運動。

科學家們不知道是哪些因素，讓這些地區的人們既長壽又不容易得失智症，也有可能是好幾個因素組合的成果。值得一提的是，儘管人們一直認爲「接受教育可以預防失智症」，但是藍色寶地的居民教育程度平均卻比較低。

運動有助於延長壽命，這不僅是一種可能性，而且基本稱得上是事實。此外，這些人既享受運動帶來的好處，又可以不罹患失智症，更不須花工夫運動，因爲他們的日常活動量就能夠保護他們。

這又多了一個很好的理由，讓你開始每天運動。不妨天天散步、多走樓梯、抵達目的地前提早一、兩站下車吧！

快樂處方箋

讓大腦停止衰老的妙方

- 任何形式的運動都很重要！身體會因爲你邁出的每一步而有所影響，特別是有關於大腦衰老的情況。
- 每天步行二、三十分鐘、每週至少五次，或是每週跑步三次、每次二十分鐘。
- 只要達到相似的運動量，游泳和騎自行車也可以。
- 重量訓練對於保持身體健康和行動力也很重要，但目前還不知道它是否有抗大腦衰老的作用。建議在夠了解重訓之前，先從心肺有氧訓練開始。

第九章

生活在數位時代的石器大腦

生物學的一切都沒有道理，除非放在演化的光芒之下。

——杜布蘭斯基

在本書中已經看到運動如何使你更專注、更快樂、減少焦慮和壓力、增強記憶力、更有創意，甚至提高智力。想必你也發現，運動至少能讓心理變得更健康。當然，這項研究很容易引起人們的注意，但就我個人而言，最激勵人心的部分並非大腦「如何」受到身體活動的影響，而是「爲什麼」會有這樣的效果。

如果想知道怎麼讓汽車運轉良好，就需要了解汽車是怎麼製造出來的。因此，如果想讓大腦運轉得更順暢，就要先知道它是如何工作的。你並不需要成爲專業的神經科學家或精神病學家，因爲最好的方法是看看大腦怎麼演化。

讓我們從最早的時期開始，回溯一下大腦的歷史。

一九七〇年代，在衣索比亞發現一具人骨，她被稱爲「露西」，且認定是人類最古老的祖先。據信，露西生活在大約三二〇萬年前，她的腦容量約爲〇．五公升，只占現代平均人腦容量（一．三公升）的三八．四%。如果把時間快速向前推進一百萬年，便會遇上直立人。與露西相比，直立人演化到能以雙腳行走，大腦的體積也比露西大了一圈，卻也不到一公升。但是他們的行爲開始發生變化，不僅已經知道如何生火，也會製造工具、武器和衣服。

認知革命

大約一百萬年前，人類大腦的體積開始以更快的速度增長。這可能是由於飲食中的蛋白質變多，因而獲得了更多營養，但我們祖先的智力卻在十萬年前才顯著提高。這個階段被稱爲認知革命，並對演化學產生巨大的影響。

從歷史的角度來看，人類祖先短時間內在全球大範圍地擴張領土，並從東非角落一個微不足道的物種，打敗其他六個人種（是的，當時至少存在其他六種不同的人種），演變爲地球的主人，站在沒有競爭對手的食物鏈頂端。

今天，只有我們智人仍在繁衍。

是什麼讓我們贏得這場戰役？雖然目前並不能完全確定原因，但肯定不僅是因爲我們擁有更大的大腦。因爲六個人種之一的尼安德塔人雖然遭我們擊敗，他們的大腦卻比智人來得大。

可能的決定性優勢之一是智人的皮質，也就是大腦最外層的大腦皮質。

它是一個六層構造，爲高等認知功能的中心。我們的數學、邏輯、語言、創意思考的能力都由大腦皮質掌控。這裡也是奇蹟發生的地方，如同美國天文學家卡爾·薩根所說：「人類文明是大腦皮質的功勞。」

更大、更複雜的大腦皮質，特別是緊貼顱骨內側、額葉前部的區域（前額葉皮質），可以增加人類的能力和行爲可塑性。

這一點讓我們擁有生存的優勢。不僅因此成爲更優秀的狩獵者、保護自己免受敵人傷害的能力和記憶力也都會變得更好，更願意和他人一起做事。這些變化都會爲我們帶來更富有蛋白質和營養的食物，從而提供機會，讓大腦皮質進一步生長。

從此，人類變得更聰明、更容易生存、更容易找到食物……

現代人的大腦看起來像堆被緊緊壓在一起的香腸。但是正因如此，才能替大腦皮質騰出更多空間。如果大腦像顆撞球般光滑平整，大腦皮質整體的表面積就會比較小，更接近原始狀態。

大腦最重要的功能

理論上，會動的生物才有大腦。植物不會動，所以它們沒有大腦。

第一批腦細胞大約在六億年前出現，主要任務可能是協調原始動物的移動。這時候，腦細胞沒有「集中注意力」這樣複雜的功能，只能產生更簡單的反應，例如將生物從一處移動到另一處以尋找食物。

這同樣適用於人類。動作的協調很可能是我們的大腦迄今最重要的功能。因此，如果大腦最重要的功能是讓你活動身體，但運動卻對大腦來說並非必要，聽起來不是很奇怪嗎？

沒有大腦，身體就無法活動，如果身體靜止不動，大腦就無法正常運轉。

基因的失誤會讓我們更聰明嗎？

人類大腦的體積，大約是近親黑猩猩的三倍。

六百萬年前，人類的系統才與黑猩猩分化。當時，黑猩猩的大腦似乎就和如今一樣大了，但人類大腦的體積卻在此期間增加了三倍。此外，與其他動物相比，我們的大腦皮質更不成比例地增大，尤其以額葉及前額葉皮質的增長最爲明顯。

是什麼讓我們的祖先擁有更大的大腦和越來越複雜的大腦皮層，並在所有物種中具有獨樹一幟的優勢呢？許多科學家認爲，答案可能在我們的基因裡。

二〇一五年，馬克斯普朗克科學促進協會的科學家們介紹了一種基因，認爲這可能是你坐在這裡閱讀這段文字，而不是去非洲草原上尋找可狩獵動物的原因。

基因的名字通常很複雜，而這個被稱爲ARHGAP11B的基因，只有人類身上才有，黑猩猩等相關物種中卻沒有。有趣的是，這個基因的出現看來純屬偶然——人類祖先的身體裡，另一個基因體的複製過程中出現了一些錯誤，只複製了片段基因體。今日，這個片段被稱爲ARHGAP11B，能刺激大腦皮質生長。我們的祖先幸運地經歷這次基因複製錯誤後，得到稍大的大腦皮質，因此具有更強大的認知能力，從而獲得生存優勢。他們把這個基因傳遞下去，後代的大腦皮質因而長得更大，這就是從原始物種發展到現代人大腦的過程。

也許我們得要感謝自己的智慧。因爲如果複製過程中並沒有出錯，沒有製造出ARHGAP11B基因，人類可能永遠不會登上月球、發現相對論、畫出西斯汀禮拜堂的壁畫，而是繼續徘徊在非洲草原上。

但是，怎麼知道腦容量的增長全歸功於這個基因？人體的遺傳物質包含大約二．三萬個基因，所以可能是其中任何一個基因吧？

雖然無法完全肯定，但是植入ARHGAP11B基因到缺乏此基因的小鼠體內後，這個關鍵的演化步驟便獲得了驗證。

小鼠的大腦皮質較小且無褶皺，但是植入該基因的小鼠卻長出了更大的大腦，有時還長出有褶皺的大腦皮質。換句話說，牠們的大腦看起來更像人類的！當然，眞正重要的問題是：「老鼠是否變聰明了？」目前還不知道，不過我們正在努力尋找答案。

大腦越動越大？

與人類的體型相比，大腦所占比例較大。人類的腦容量約為一．三至一．四公升，而體重六十公斤的哺乳動物平均腦容量為〇．二公升，所以我們的腦容量約為其他物種的六倍。

除此之外，科學家在觀察不同動物的大腦體積時，發現一個有趣的相關性：耐力較好的動物（即那些可以跑很遠的動物），大腦都比較大。老鼠和狗像人類一樣，耐力比較好，而且相對於自身體重而言，牠們的大腦也都很大。這可能是因為運動時產生的BDNF能促進大腦成長，並加速產生新的腦細胞。

對此，可能的解釋是：更活躍的人類祖先會找到更多食物並存活下來，進而讓基因得以傳播。他們的身體在運動期間產生了大量的BDNF，因此大腦也跟著增長。結果，其後代的大腦就變得更大，而比較活躍的世代也更容易生存。

這就是運動推動大腦演化和發育的方式。至少在促進智力這方面，我們可要多感謝運動。

社會的大轉變

沒有人會否認過去幾年我們動得越來越少，在電腦和智慧手機上花的時間卻越來越多。雖然這種趨勢很重要，卻也帶來不少問題，可是如果回顧一下歷史，就會發現更多有趣的聯繫。

大約一萬年前，我們的祖先在狩獵數百萬年後轉向農耕時代。狩獵者原本積極尋找食物的遊牧生活方式，變成要在一個地方居住下來。身爲農民，當然也不能成天坐著，但農耕生活中的體力活可比狩獵生活少得多。

與多年前從狩獵時代到農耕時代所減少的運動量相比，過去兩百年來，我們的活動習慣發生了更大的變化。短短的時間裡，我們的社會已經從農耕社會變成工業化社會，再到今天的數位化社會，多數人都不需要主動出去尋找食物了。

覓食曾經是人類歷史上最重要的日常活動，現在卻成了多數人不必再擔心的事情，甚至不用花費體力就可以完成。我們現在可以在超市買到所有食物，也可以上網訂購。甚至連動都不用動，只須坐著下單，食物就會被送到門口。

一百步與五十步

這些社會的變化大大地改變了我們的運動量。即使是當今常運動的人，運動量也可能遠遠低於兩百年前的人類。不過，我們的運動量到底降低了多少？由於我們無法用計步器等設備來測量人類祖先的運動量，所以很難有個準確檢測的定量比較。但是，透過對比現代仍以狩獵和農耕維生的人，可以根據專業知識進行估計。

哈扎人（Hadza）住在坦尚尼亞北部。該部落有大約一千名成員，其中約一半是狩獵者。他們不圈養家畜、不耕種土地，也沒有固定的住處。相反地，他們透過狩獵和建造夜間臨時避難所而生存下來。他們的語言是獨一無二的，可能是地球上最古老的口述語言之一。基本上，哈扎人的生活方式與一萬年前的人類祖先相同。他們屬於這個星球上最後一批過著狩獵生活的群體，也是被人類演化所遺忘的一部分。

哈扎人的日常運動量有多大？研究人員替哈扎部落的成員配備計步器。結果發現他們每天平均行走八至十公里，相當於大約一・一萬至一・四萬步（女人走的步數更少）。我們猜測狩獵時代的祖先所擁有的運動量，就和這個結果差不多。

那農民呢？我們調查美國的阿米許人（Amish）以做爲參考。他們是當代一個仍處在農耕社會的群體，過得和兩百年前的人類祖先一樣。阿米許人選擇放棄所有現代設施，不看電視，也不使用電或網路。他們的活動量比我們大得多，男性每天步行約一・八萬步，而女人和哈扎部落一樣，比男人少走了一點。

與現代美國人和歐洲人每天平均六、七千步的運動量相比，哈扎人和阿米許人比當代西方人多走了兩倍的路。也可以說，從狩獵社會過渡到現代文明的期間，我們的運動量少了一半。

眨眼瞬間

自從進入農耕社會，人類歷史又發展了一萬年。這時間聽起來很長，但從生物學的角度來看，卻是非常短暫的一段時間，只占人類歷史長河的一%；兩百年的工業化進程也許很漫長（因爲十九世紀的確已經是很久以前了），但從演化的角度來看，更只是眨眼瞬間。

如果將人類歷史濃縮成一天二十四小時，在晚上十一點四十分前，我們都是狩獵者。直到十一點五十九分四十秒（11:59:40），也就是午夜前二十秒，人類社會才進入工業化時代。到了十一點五十九分五十九秒（11:59:59），也就是二十四小時結束前的一秒鐘，人類才進入數位時代，開始使用網路。

若對比誕生新物種需要的時間，演化需要的時間明顯更長。在發生任何有意義的物種變化之前，蟄伏一萬年甚至更長的時間都是很正常的。換句話說，現代人類與那些生活在一百年、一千年甚至一萬年前的人，基因都是相同的。

想一想：在人類歷史這麼短暫的時期，我們的生活方式發生巨大的改變，造成運動的需求也減少了一半。如果我們將生活方式的變化，與人類演化基本上以萬年為單位的緩慢速度相比較，可以發現演化永遠是滯後的，身體和大腦的演化速度已經追不上生活方式的轉變速度。以生物學而言，我們的身體和大腦仍在大草原上，而且比起農夫，我們更接近獵人的角色。

了解這些後，再看看截至目前為止你在本書中所讀到的內容：運動能使你更專注、更快樂、更有創意、減少焦慮和壓力、增強記憶力；缺少運動會讓你變得焦慮、悲傷、難以集中注意力。由此可以得出結論，當今很多常見的心理問題都源於缺少運動。

我們「走」得太快，超前了我們的生理年齡。或者應該說，我們「坐」得太多了，超過生理年齡所能適應的範圍。

明知運動好，為何還是懶得動？

我們的身體和大腦，已經毫無疑問地演化到能適應比現在更多的運動量。矛盾的是，我們也變得很懶惰。

如果到外面散步或跑步有益健康，爲什麼躺在沙發上休息、吃洋芋片讓我們更快樂？那是因爲在人類歷史上，那時候的食物供給並沒有像今天這樣過剩，我們多半得面對營養不良和能量不足的情況。高熱量的食物對於狩獵者祖先來說也很罕見，而且一旦得到食物，最好立即食用，以免被其他人偷走。這就是爲什麼高熱量的食物通常味道很好，讓你的大腦仍希望透過吃來儲備能量。

如果我們在非洲草原上的祖先來到一棵樹下，上頭滿是又甜、熱量又高的果子，那麼先吃一個再把剩下的留著慢慢吃，並不是聰明的選擇。對我們的祖先來說，更好的辦法是立即吃掉所有食物，以防錯過所有寶貴能量。如果等到第二天，也許就會被別人吃掉了。

我們身上仍然保留這種自然本性。例如，當你面對一盒巧克力時，你的大腦會說：「現在應該把整個盒子裡的食物都吃掉，一點都不能放過，否則別人會把這盒巧克力拿走！如果明天找不到吃的，今天可能需要囤積一點熱量。」這就是爲什麼，我們總想一次吃掉整盒巧克力。

身體需要儲存的能量，不僅取決於你攝取了多少，還關乎你消耗了多少。我們的身體不會平白無故消耗能量，而會爲可能的饑荒預留一點。這對於人類來說，一直是生存的王牌，而這種生存手段會轉化成自然本性，減少活動來節約能量消耗，幫助我們未雨綢繆、渡過難關。

因此，當你悠閒地躺在電視機前的沙發上，想找藉口來取消今天的跑步或散步時，就是你的狩獵者大腦要你繼續歇著。「坐著就可以節能」是讓你變得懶惰的原因，因爲一旦沒有食物，身體裡所儲存的能量就會派上用場。這種節省卡路里的自然本性，很明顯地會影響到體重的變化。

如果你不相信，那麼看看第三世界的開發中國家，在短短的幾十年經歷快速經濟成長，造成居民們過著充滿速食且整天躺在沙發上看電視的生活、擁有無處不在的高糖飲食，以及飆升的肥胖率。這種新的生活方式會使我們的體重增加，但我們並不了解它對大腦造成的影響。

瘋狂倒退

過去幾十年來，科技的巨大進展讓我們擁有網路、智慧手機，只須點擊滑鼠，即可在家中完成「獵食」。與此同時，我們也離演化前進的生活方式越來越遠，日益增加的舒適感更使我們不安、焦慮、抑鬱。

但是，爲何久坐會影響我們的心理健康？

我們同樣可以往過去尋找答案。我們和一萬年前的祖先們，基本上擁有一致的大腦結構。但是他們不會爲了比賽去跑馬拉松，也不會爲了讓自己穿上泳裝更迷人而運動。他們運動就是爲了生存：他們邊跑（或邊走）以躲避危險、尋找食物和新住所。

因爲狩獵更利於生存，所以只要我們動起來，大腦便會相應分泌多巴胺，產生愉快的感覺。除此之外，我們還會因爲逃跑或發現新的居住場所，提高生存的機率。人類的大腦在這一萬年來沒有改變太多，所以有些理論和機制也適用於現代人。當我們做一件「對人類祖先來說能提高生存機率的事」，大腦就會以良好的感受來獎勵我們繼續做下去。

當你運動完回到家，大腦就會把你的行爲解讀爲「出去尋找食物或更好的避難所」，進而獎勵你一份好心情。這時體內的多巴胺、血清素、內啡肽等物質會增加，因爲大腦覺得你增加了「它」的生存機會。這也是爲什麼我們會因久坐不動而產生罪惡感。畢竟這樣做不能讓你抓到更多獵物，也不能幫助你找到新的住處。久坐從來都不利於生存，所以現代多數人並不健康。

這樣看來，就很容易理解運動能增強腦部功能的原因了。對我們的祖先來說，捕獵時能集中注意力是非常重要的。如果你在非洲草原上跟蹤獵物，就必須集中精神並找到最佳捕獵時機。因此，我們的注意力會因爲運動而增強。

運動也會增強我們的記憶力，但這是怎麼辦到的呢？這可能是因爲，當我們的祖先尋找新的棲息地時，面對新的環境，需要時刻保持警惕。久坐不動會讓我們的大腦以爲自己還在原地，不需要這些功能，所以也沒有必要提高記憶力。我們的大腦不是朝著適應手機或電腦的方向演化，也不會把久坐和盯著螢幕看，當成是有益的新體驗。

仍然生活在非洲草原的大腦

你的大腦並不知道世界已經變得不一樣了，它還生活在非洲草原上，所以你多動一點，它就運轉得更好。當然，運動量減少不是生活和環境中唯一的改變，進而影響了大腦的功能、我們的感受。環境汙染、都市化、現代飲食，以及完全不同的社會結構，也會影響大腦。儘管如此，就身心健康而言，缺乏運動仍是最大的改變之一，而且也是最容易調整的因素之一。我們可能無法重新回到灌木叢過狩獵的生活，但是我們可以試著多運動一點，朝著大腦演化的方向前進，就可以獲得豐厚的獎勵。

儘管生活在物質最豐富的時代，許多人卻都覺得缺了點什麼。不過這種感覺並不奇怪，因爲現代社會已經把我們偏離演化所前進的生活方式。而這樣的改變僅在幾個世代後，就帶來難以置信的好處，如人類壽命大幅延長。但另一方面，我們卻變得沮喪、焦慮、滿腦子壓力、難以集中注意力。原因很簡單，因爲我們的大腦還沒有演化出特定的能力，可以有效對應當前的生活方式。

不過，你可以透過參加更多體育活動來減輕這種不適。當然，這並不意味著所有心理問題都可以藉跑步解決，或表示定期打網球比定期服用藥物有效。而是多數人都可以從運動中獲益，讓自己覺得更健康，精神狀態也變好了。如果我們精神不振或壓力過大，也許應該問問自己是否能改變生活方式，而不是認定所有問題都該靠吃藥來解決。

散步是最好的良藥

站在讀者的角度，讀到這裡可能會覺得：「如果運動眞的對大腦有這麼多好處，大家應該早就知道了吧？就像人人都明白吸菸有害健康、咖啡能夠提神一樣。」

我認爲大家都知道運動對大腦有多好，但在過去的一五〇年裡，我們把這些都忘了。「散步是最好的良藥」——並不是健康雜誌的陳腔濫調，而是來自醫學之父希波克拉底（編按：生於公元前四六〇年，對古希臘的醫學發展貢獻良多因而獲得此稱號）。他其實早在二五〇〇年前、現代醫學科技出現之前，就已經知道運動對身心健康的重要意義。

在過去的一五〇年裡，醫學飛速發展，提供了疫苗、抗生素、磁振造影掃描、癌症分子標靶藥物等。而在醫學進步後，之前那些有效的健康生活方式似乎也變得不重要了。我們忘記對於身體和大腦來說，最重要的藥物可能正是運動。

我們目前還沒有完全了解運動的重要性，也不清楚是哪個機制使運動可以讓精神變健康。但科學研究證實希波克拉底所說的「散步是最好良藥」，認可了他古老又明智的觀點。有點諷刺的是，正是這些「讓我們不再重視有效健康生活方式」的先進現代醫學（例如磁振造影），驗證了最不現代的醫學理論——運動有助於身體健康。

要健康，不一定要成爲健美先生

由於廣大群眾對健康的嚮往，書報攤上總是有本健身雜誌，紐約馬拉松和瑞典瓦薩滑雪節等體育活動的票券，也總在幾小時內就完售。同時，也有很多人覺得自己無法參加這種運動量超大的體育活動。對此我完全理解！但我想對這些人說：你可以不參加遠距離長跑、不看健身雜誌、不參加運動量超大的體育活動，但是你應該「多少做點運動」。

並不是成爲健美先生或練出六塊腹肌，才叫做運動。而是你可以做點什麼，來讓大腦達到最佳狀態。

健腦遊戲程式已成爲價值數十億的行業。但我建議你全都刪了！它們一點用都沒有！同時，你也不必把焦點都擺在營養品，和其他所謂能激發大腦潛能的「神奇方法」，因爲這些也是無效的！相反地，你應該花時間在已經被科學證實有效的健腦方法上——運動。這是免費的，而且做什麼運動、在哪運動並不重要，而是你是否眞的動起來。運動可以立刻改善身心健康，規律運動一段時間後，身心更會達到最佳狀態。

如果躺在沙發上邊吃洋芋片邊看電視節目，才是對大腦健康最有益的做法，恐怕沒有人會比我更開心；如果有健腦的方法和營養品能讓我精神更集中、更快樂專注，那也很棒。但不幸的是，科學研究清楚表明這一切都不可能。我的大腦是爲了運動而生的，你的也一樣。

動一動身體，大腦才能運轉得更好！

第十章

快樂處方箋：獻給大腦的最佳妙方

現在來看看本書最重要的部分，我把它留在最後。

看完所有關於運動對大腦有何影響的研究後，要怎麼確定最有益於大腦的運動量是多少？如何讓運動發揮最佳效果？儘管你會覺得我囉嗦，但我還是要再說一次：這些問題仍沒有確切的答案，可是仍然有些結論能提供給你。最重要的是，你所邁出的每一步都對大腦有益！

- 運動三十分鐘總比只運動五分鐘好。不過運動五分鐘也有用，所以就以你喜歡的方式運動吧！
- 想看到效果，必須至少運動三十分鐘。
- 最好每週運動三次，每次四十五分鐘，並且確保運動時心率有加快。
- 盡量做心肺有氧訓練。重量訓練雖然也對大腦很好，但是有氧訓練更好。如果你喜歡運動，別忘了加入耐力訓練。
- 劇烈的間歇訓練是不錯的運動方式，但從大腦的角度來看就沒那麼好了。因爲運動後會變得很疲憊，以至於運動的益處看起來不那麼明顯，創造力也不會在訓練後幾個小時內提高。但是，如果做些不那麼費力的運動，比如以正常速度跑步，就會在運動後看到創造力的提升。話雖如此，間歇訓練和其他劇烈運動對大腦無疑是長期有益的，因為高運動量會大大增加BDNF的濃度。

- 堅持！堅持！堅持！重新建構大腦組織需要一點時間。偶爾跑步或走路會立即提供大腦更大的血流量，但是創造新的腦細胞和血管、加強大腦不同區域間的聯繫，需要花上幾個月，甚至更長的時間。所以每週定期運動幾次，持續六個月，便會發現巨大的改變。

〈後記〉

現在就動起來吧！

在你的顱骨下，隱藏著宇宙間最複雜的結構。它是一個從不停歇的器官，從你出生起一直運轉到你嚥下最後一口氣。這個器官也代表著你這個人，因爲你就是這顆大腦的實體。

我爲什麼要寫一本探討運動如何影響大腦的書呢？因爲現代神經科學已經向我們展示，我們能幫助大腦和人類自身最重要的事就是運動。如果這麼重要的事情還不值得我花時間來寫，還有什麼更值得？

不過，寫這樣一本科普書也很有挑戰性，因爲必須讓大眾讀者理解運動是怎樣影響大腦的。畢竟，我們都沒有徹底了解大腦這樣一個極度複雜的器官，究竟是如何運作的。

在這本書中，我試圖從神經科學的角度來闡述這個問題。

神經科學正以光速發展，每年都有十萬份大腦相關的科學研究發表。平均來說，每四分鐘就發表一份研究。從數字上來看，也可以說我們對大腦的了解，每小時都在增長。儘管如此，人類對大腦的理解仍只有皮毛。

秀麗隱桿線蟲（Caenorhabditis elegans）是種在大腦的基礎研究中經常使用的動物。科學家花了四十年來繪製牠的大腦活動圖，發現就連牠們這個小小的器官，也擁有約三百個腦細胞、八百個神經連接。相比之下，人類的大腦有一千億個腦細胞、一兆個神經連接。換句話說，我們對大腦的了解眞的只有一點點，更別說徹底搞懂運動如何影響大腦了。

至於運動如何使大腦強健，未來的研究一定會揭示更多未知的新機制。不過，我並不擔心這本書所描述的觀點在十年，甚至五十年後就被推翻——因爲運動對大腦的好處實在太多了！

神經科學不僅是一種尋找病因和治療方法的學科，它也有助於我們了解自己。有時，研究已經成功證實了一些似乎顯而易見的事情，比如與他人交往的重要性或酒精會破壞大腦；有時，研究也會得出一些讓人意想不到的結果。

我們早就知道運動可以讓人感到快樂，不需要科學研究來證實這一點。只是，運動對認知能力（比如說創造力、耐受力、注意力、智力）的巨大影響，對我們來講可能是最重要，又容易被忽視的東西。實際上，很少有人注意到這一點。

這本書與我本人的觀點和願望無關，只是陳述科學研究的結果。同時要強調的是，這不是一份科研論文，而是一本針對大眾讀者的科普讀物。因此，我必須簡化某些概念，以使本書更具可讀性和趣味性。

最後，請放下這本書，到戶外動一動，鍛鍊你的大腦吧！

簡易詞彙表

BDNF：腦源性神經營養因子。大腦分泌的一種蛋白質，對許多大腦功能有非常重要的作用，例如生成新的腦細胞、創造記憶、保持身體健康等。

GABA：γ-胺基丁酸。一種能降低大腦活躍程度的物質。

HPA軸：下視丘—垂體—腎上腺（hypothalamus-pituitary glands-adrenal）。大腦最重要的壓力控制系統。從下視丘開始，向垂體（腦中的腺體）發送信號，該信號反過來會刺激腎上腺產生壓力荷爾蒙皮質醇。

SSRI：5-羥色胺回收抑制劑，是用於治療憂鬱症最常見的藥物。透過增加血清素（腦中神經傳導物質）的濃度來發揮作用，也同時透過影響去甲基腎上腺素和多巴胺來輔助治療。

下視丘：大腦中央的一個區域，對血壓、心率、體溫、代謝的控制很重要。

大腦皮質：大腦的外層結構，是最複雜的部分，承擔大腦最重要的工作。與大腦的其他部分不同，是由六層神經細胞組成的。

小腦：位於頭骨後部，占腦的總容量一〇%，對於身體運動能力和平衡能力非常重要。

內啡肽：即內源性嗎啡（內源性是指由人體自行生成），是一組在大腦和身體其他部分產生的荷爾蒙，可以緩解疼痛並產生愉快的感覺。

內源性大麻素：人體內分泌的荷爾蒙，可以緩解疼痛，產生愉快的感覺。在神經系統裡，與大麻、四氫大麻酚（Tetrahydrocannabinol, THC）有共同的受體。

去甲基腎上腺素：大腦中控制警惕性和注意力的物質。

正子斷層造影：先進的醫學成像技術，將放射性物質注入體內，然後觀察變化。主要用於科學研究和醫療上的腫瘤定位。

白質：腦細胞之間的連接物質。白質位於灰質下方，由腦細胞之間的卷鬚狀軸突組成。白質的白色來自軸突外層被稱爲髓鞘的含脂肪物質，髓鞘增加了神經傳導信號的速度。

皮質醇：由腎上腺（位於腎臟頂部的腺體）產生的壓力荷爾蒙，可讓心率加快、血壓升高，警告大腦爲戰鬥或逃跑做好準備。長期高濃度的皮質醇會損傷大腦，尤其是海馬迴的部分。

血清素（5-羥色胺）：大腦中的一種物質，對我們的情緒至關重要，特別是管理平靜和內在力量。

依核：大腦裡很小的一個區域，對我們的獎勵系統和行爲控制很重要。多巴胺是依核的重要部分，當多巴胺濃度升高時，我們會產生愉快的感覺。

多巴胺：調控幸福感的物質，特別是動機、動力和獎勵機制。多巴胺對於注意力和運動也很重要。

灰質：主要由神經元細胞組成。人活著時它是粉色的，人死後才會呈現爲灰色。

杏仁核：大腦裡如杏仁般大小的一個區域，對恐懼感的產生和情緒變化非常重要。大腦裡有兩個杏仁核，左右兩側各一個。杏仁核屬於「爬蟲腦」（大腦最原始部分，演化中自始至終都存在）的一部分。其主要作用是讓身體進入警戒（戰鬥或逃跑）的狀態！

爬蟲腦：進化過程中保留下來的大腦部分，與更簡單的哺乳動物有共同之處。爬蟲腦的功能如同「戰鬥或逃跑模式」一樣，非常原始，能使我們對危險做出反應（如逃跑），但不會事先預見潛在的危險。

前額葉皮質：額葉前部。我們最複雜的認知功能，如規畫未來、適應或順從變化、壓制自我獎勵機制、與他人來往等，都是在這裡發生。

垂體：大腦中如豌豆般大小的腺體，調節身體的幾種重要荷爾蒙，如皮質醇。

突觸：兩個腦細胞間的小區，讓細胞彼此聯繫。細胞不會直接接觸彼此，而是透過突觸發出的信號物質如多巴胺、血清素、GABA來實現聯繫。

海馬迴：大腦中如拇指般大小的結構，左右半球各有一個。對記憶能力至關重要，對於情緒控制和空間定位也很關鍵。海馬迴可能是大腦中受運動影響最大的部分。

神經元：腦細胞。

神經生成：創造新的腦細胞。早些時候，人們認爲只有兒童的大腦才能產生新的腦細胞，但現在我們知道成年人也可以，因爲人的一生中都會產生新的腦細胞。

執行功能／認知功能：一組功能的集合名詞，包括控制衝動、集中注意力、產生改變和適應當前環境的行爲。

眼窩額葉皮質：額頭後面的一部分大腦皮質。對決策力和自我獎勵制度很重要。

視丘：大腦中央有大量資訊通過的地方。其作用有時像資訊的篩檢程式，用以確保大腦不會超載。

軸突：腦細胞間類似卷鬚狀物體般的長突出物，在細胞之間傳遞訊息。

磁振造影：一項先進的醫學成像技術，能用高解析度的圖像顯示身體器官。功能性磁振造影（fMRI）可透過測量不同區域的血流量，來追蹤大腦被啓動的不同區域。血流量大，表示該區域很活躍。一部磁振造影機的大小如同一輛小型汽車。接受檢查時，會被推入一個看似小隧道的管子裡，內部會產生非常強的磁場，而產生磁場的磁鐵必須放在攝氏零下兩百度的液氮中冷卻。

額葉：大腦組織的前部，掌管邏輯、抽象思維以及情緒控制。額葉是大腦中最高等先進的部分。

顳葉：顳部（太陽穴附近）背後的大腦部分組織。功能多樣，對記憶尤其重要。

Eurasian Publishing Group
圓神出版事業機構
用心與你對話・視野無限寬廣
究竟出版社
Athena Press
www.booklife.com.tw　　reader@mail.eurasian.com.tw
心理 054

眞正的快樂處方

瑞典國民書！腦科學實證的健康生活提案

HJÄRNSTARK: Hur motion och träning stärker din hjärna

作　　者／安德斯・韓森（Anders Hansen）
譯　　者／張雪瑩
發 行 人／簡志忠
出 版 者／究竟出版社股份有限公司
地　　址／臺北市南京東路四段50號6樓之1
電　　話／（02）2579-6600・2579-8800・2570-3939
傳　　真／（02）2579-0338・2577-3220・2570-3636
總 編 輯／陳秋月
副總編輯／賴良珠
責任編輯／蔡緯蓉
校　　對／蔡緯蓉・林雅萩
美術編輯／潘大智
行銷企畫／詹怡慧・陳禹伶
印務統籌／劉鳳剛・高榮祥
監　　印／高榮祥
排　　版／杜易蓉
經 銷 商／叩應股份有限公司
郵撥帳號／18707239
法律顧問／圓神出版事業機構法律顧問　蕭雄淋律師
印　　刷／祥峯印刷廠
2020年5月　初版
2024年3月　14刷

定價 340 元　　ISBN 978-986-137-295-2

很多人不認爲大腦與身體之間有任何關連，
以至於這兩者到了夜裡總是各過各的。
事實上，大腦與身體是條雙向道，一直不斷在溝通，彼此影響。
——茹比．韋克斯，《人生好難，到底哪裡出問題》

國家圖書館出版品預行編目資料

真正的快樂處方：瑞典國民書！腦科學實證的健康生活提案 / 安德斯．韓森（Anders Hansen）作，張雪瑩 譯.
-- 初版 -- 臺北市：究竟，2020.5
288 面；14.8×20.8 公分 --（心理；54）
譯自：Hjärnstark : hur motion och träning stärker din hjärna

ISBN 978-986-137-295-2（平裝）

1. 運動心理　2. 運動生理學　3. 運動健康　4. 腦部

528.9014　　109003584